KB125133

친절한 독재자,
디지털 빅브라더가 온다

21세기 전체주의의 서막

친절한 독재자,
디지털 빅브라더가 온다

한중섭 지음

whale books

나는 반항한다, 고로 우리는 존재한다.

_알베르 카뮈

나는 고발한다

무언가 잘못 돌아가고 있다고 느끼기 시작한 때는 2020년 5월의 어느 날이었다. 황금연휴 동안 이태원에 있는 클럽에서 코로나바이러스감염증-19(이하 코로나19) 집단감염이 일어났고, 이에 서울시는 4월 말부터 5월 초까지 이태원 부근을 방문한 사람은 서둘러 코로나19 검사를 받으라는 안내 메시지를 보냈다. 나도 메시지를 받은 사람 중 하나였다. 확진자 확산을 막기 위해 으레 하는 조치이리라, 대수롭지 않게 여기고 인근 보건소에서 검사를 받았고 결과는 다행히 음성이었다. 그런데 잠깐, 내가 최근에 이태원 근처에 갔다는 사실을 그들이 어떻게 알았지?

알고 보니 보건당국과 서울시가 이동통신 3사에 이태원

일대 기지국에 접속한 가입자 관련 정보를 요청해 개인정보를 파악한 것이었다. 이동통신사들이 제출한 명단에는 확진자가 발생한 특정 장소에 있었던 사람뿐 아니라 확진자 발생 기간을 포함해 약 2주 동안 근처를 방문한 1만 905명의 정보가 포함되어 있었다. 이 과정에서 개인정보를 노출당한 사람에게 동의를 구하는 일은 생략되었다.

일각에서 개인정보 유출 및 무단 활용에 대한 비판이 일자 정부는 방역을 위해 어쩔 수 없는 조치였다고 항변했다. 내게는 이 점이 무척 불길한 신호로 느껴졌다. 코로나 방역이라는 대의명분을 위해 개인의 프라이버시를 침해하는 일을 당연하게 여기는 정부와 사회의 태도가 전체주의의 그것과 유사하다고 생각했기 때문이다. 전체주의는 집단이 설정한 거대한 목표를 달성하기 위해 개인의 희생을 요구하는 법이다.

나는 이 사건을 계기로 감시와 프라이버시에 대한 문제의식을 가지고 주위를 둘러보게 되었다. 곳곳에 설치된 QR코드 인증 기기, 안면 인식 체온 측정기, 폐쇄회로텔레비전 CCTV 등 감시의 시선이 도처에 널려 있었고 시민들은 이에 너무도 익숙해져 있었다. 정부는 코로나바이러스 퇴치를 명분으로 시민들의 동의 없이 개인정보를 열람하고 위치추적에 활용하는 것을 당연하게 여겼다. 나는 지난 1년간 코로나바이러스로 야기된 놀라운 변화를 지켜보며, 한국 사회가 점점 중국 사회와 유사해지고 있다는 생각이 들었다.

현재 중국은 전 세계에 감시사회로 악명을 떨치고 있다. 중국에서 벌어지고 있는 일은 가히 충격적이다. 중국 정부는 공공장소에 안면 인식 장치를 설치하고 시민들을 감시하며 마스크 착용 및 발열 여부 등을 확인한다. 하늘을 날아다니는 드론은 시민들의 일거수일투족을 내려다보며 마스크를 착용하지 않은 사람에게 즉시 집으로 돌아가라고 위협적으로 경고한다. 이에 협조하지 않으면 추적 비행을 시행하고 당국에 이 사실을 보고한다. 또한 중국 경찰은 발열 탐지 및 신원 조회 기능이 장착된 '스마트헬멧'을 쓰고 거리를 순찰한다. 근거리에 고열 증상을 보이는 사람이 나타나면 헬멧에서 경고음이 울리고 경찰은 즉시 그 사람에게 접근해 엄포를 놓는다.

사실 비단 한국과 중국의 상황만 이런 것은 아니다. 각국 정부는 코로나19 전염을 막는다는 명분하에 고도화된 감시 기술을 총동원하고 있다. 예를 들어 홍콩과 바레인은 자가격리자에게 전자팔찌를 채워 동선을 감시했다. 대만은 '전자 울타리'라는 휴대전화 위치추적 시스템을 도입해 자가격리자를 감시하고, 주소지에서 이탈했다는 정황이 포착되면 공무원이나 경찰이 출동한다. 이스라엘에서는 정보기관이 영장 없이 코로나 확진자의 스마트폰에 접근해 위치정보를 수집할 수 있는 권한을 가지게 되었다. 프라이버시 보호에 민감한 서구권도 사정이 크게 다르지 않다. 감시에 보수적인 태도를 보이던 미국과 유럽 정부는 코로나19 확산이 장기화되자 전방위적인 감시의 허용을 긍정적으로 고려하고 있다. 이미 영국, 독일, 이탈리아 보건당국은 확진자의 동선을 추적하기 위해 실시간으로 스마트폰 데이터를 수집하고 있다. 구글과 애플은 확진자와 접촉한 내역을 알려주는 스마트폰 소프트웨어를 공동으로 출시했고 미국을 비롯한 수많은 유럽 국가들은 이를 이용하기로 했다.

이와 같은 급진적인 변화는 불과 지난 1년여간 일어난 일이다. 보통 수개월, 수년에 걸쳐 검토해야 할 중대한 사안이 긴급상황에서는 불과 수일, 심지어 수 시간 만에 결정되어 버린다. 그리고 해당 사안은 일단 한번 시행되면 좀처럼 바뀌지 않는다. 감시도 마찬가지다. 코로나19라는 긴급상황을 타개하기 위해 활용된 첨단기술과, 감시를 정당화하기 위해 급조된 정책들이 복합적으로 작용해 새로운 감시의 패러다임을 형성하고 있다. 이는 코로나바이러스가 종식된 이후에도 사라지지 않을 것이다.

미래 사회에도 프라이버시와 인권이라는 개념이 존재한다면 후손들은 현시대를 살아가는 우리를 탓할지도 모른다. "왜 그때 그런 어리석은 결정을 내렸나요? 전방위적인 감시의 확산이 야기할 디스토피아를 예상하지 못했나요? '초감시사회'가 출현해 모든 개인적인 것들을 감시하고, 절대권력에 시민들이 자발적으로 복종하고, 전체주의가 부활하고, 자유가 침해되고, 그나마 부스러기처럼 남아 있던 인간성이 완전히 사라지리라는 것을 진정 몰랐던 건가요? 대체 그 당시 똑똑한 사람들은 무엇을 한 거죠?" 이와 같은 후손들의 원망에 우리는 무슨 변명을 할 수 있을까.

지옥으로 가는 길은 선의로 포장되어 있다. 좋은 의도를 가지고 시작한 일이 나쁜 결과를 초래할 수 있다는 뜻이다. 14세기 유럽을 혼란에 빠뜨린 흑사병의 사례를 보자. 사람들을 교회로 불러 모아 신에게 죄를 빌게 한 일은 중세 시대의 엘리트였던 종교인들 입장에서는 분명 마땅한 처사였다. 왜냐하면 그들은 이런 행위가 흑사병의 전염을 부추겨 사람들을 죽음의 구렁텅이로 내몰고 있다는 사실을 전혀 몰랐으니까. 마찬가지로 오늘날 우리가 코로나19 퇴치를 위해 전방위적인 감시를 허용하는 것 역시 의도가 나쁜 일은 아니다. 다만 감시의 확산이 초래할 초감시사회의 부정성이 놀라우리만치 과소평가되고 있을 뿐이다.

나는 작금의 사태를 지켜보며 소설 『1984』의 작가 조지 오웰의 식견에 놀라움을 금치 않을 수 없다. 조지 오웰은 『1984』를 통해 전체주의 사회에 맞서는 개인의 무력함을 탁월하게 묘사했다. 소설에 등장하는 빅브라더는 무소불위의 권력을 가진 지배자이다. 당은 빅브라더를 신격화하고 전체주의적인 사회 시스템을 공고히 하는 데 여념이 없다. 빅브라더를 위시한 당은 시민들의 일거수일투족을 감시하고, 사상을 통제하고, 사실을 왜곡하고, 잠재적 위협이 될 만한 사람을 '증발'시킨다. 소설의 주인공은 빅브라더에 반감을 품고 체제 전복을 꾀하지만 결국 실패한다. 집요한 고문 끝에 결국 주인공은 당에 굴복하고 빅브라더를 '사랑'하는 것으로 소설은 끝이 난다.

빅브라더는 소설 속 허구의 존재가 아니다. 오늘날 첨단

기술을 활용해 전방위적인 감시를 체계적으로 시행하고 있는 테크 기업들, 즉 페이스북, 구글, 아마존, 애플, 텐센트, 알리바바, 센스타임 등이 이 시대의 '디지털 빅브라더'이다. 디지털 빅브라더는 인공지능, 블록체인, 5G, 클라우드, 스마트 모빌리티, 바이오테크, 드론 등 일반 사람은 도통 이해하기 힘든 수준으로 발전한 최첨단기술들을 감시에 동원한다. 우리는 불분명한 표현과 깨알같이 작은 글씨로 쓰여 있는 약관에 무심코 '동의'함으로써 디지털 빅브라더에게 '우리를 감시할 권리'를 넘겨준다.

이 책의 주인공은 디지털 빅브라더이다. 1장에서는 닷컴 버블, 미국의 9.11테러, 실리콘밸리의 태동 등 디지털 빅브라더가 탄생한 배경에 대해 다룬다. 2장은 디지털 빅브라더가 정치, 사회, 경제 분야에서 어떤 만행을 저지르고 있는지 밝힌다. 3장은 디지털 빅브라더가 블록체인, 안면 인식 기술, 우주 산업 등 최첨단기술을 활용해 어떤 식으로 감시망을 진화하고 있는지를 밝힌다. 4장은 디지털 전환이 급격하게 이루어진 포스트 코로나 시대에 도래할 초감시사회를 다룬다. 우리는 과거와 현재를 해석하고 다가올 미래를 상상해 볼 것이다. 그리하여 더 나은 미래를 어떻게 만들어

나갈 수 있을지에 대해 함께 생각할 것이다.

　나는 고발한다. 코로나19로 전방위적인 디지털 감시가 정당화됨에 따라 새로운 형태의 전체주의가 부상하고 있음을. 우리가 진정으로 경계해야 할 것은 바이러스가 아니라 인간의 어리석음이다. 코로나19는 언젠가 종식될 것이다. 그러나 포스트 코로나 시대는 결코 이전과 같지 않을 것이다. 다가올 초감시사회에 우리들의 몸과 마음은 모두 데이터로 환원되어 감시당할 확률이 높다. 데이터를 수집하고 활용할 권한을 가진 디지털 빅브라더들이 우리의 생각을 통제하고, 특정한 행동을 유도하고, 더 나아가 우리의 마음을 들여다보고 해킹하는 일은 더 이상 공상과학영화만의 이야기가 아니다. 디지털 빅브라더에 우리는 포획당하고, 감시당하고, 평가당하고, 계급화되고, 조종당할 것이다. 질서에 순응하지 않는 자는 사회 시스템에서 '배척'당한 채 온갖 불이익을 감수해야 한다. 디지털 빅브라더는 포스트 코로나 시대의 초감시사회를 지배하는 '친절한 독재자'로 군림할 것이다. 우리는 과연 디지털 빅브라더를 사랑해야만 할 것인가? 이 책을 통해 함께 답을 찾아보도록 하자.

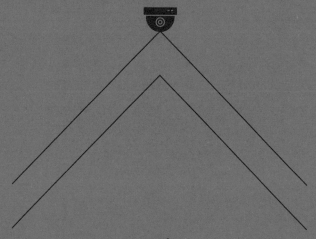

1장

디지털 빅브라더의
탄생

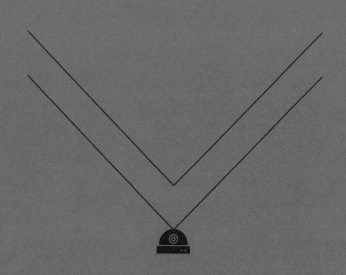

감시와 권력의
역사

인류 역사에 감시가 등장한 것은 언제부터였을까? 먼저 감시의 정의부터 살펴보자. 감시는 한자 '볼 감監'과 '볼 시視'로 구성되어 있다. 정의는 '주의 깊게 살핌'이다. 그러나 단순히 대상을 보는 행위를 감시라고 보기는 어렵다. 감시는 권력과 한 쌍이다. 감시는 권력을 지닌 강자가 통제할 수 있는 환경에 약자를 배치하고 주의 깊게 지켜보는 것을 말한다. 약자가 강자의 시선을 인식하고 권력이 풍기는 무언의 압력을 내면화하여 자신의 사고와 행동을 검열하는 것, 이것이 바로 감시의 본질이다.

최초의 감시가 정확히 언제였는지는 불분명하다. 다만 감시가 강자가 약자에게 행사하는 권력이라는 점을 고려하면, 계급사회의 출현과 궤를 함께했을 것이라는 추측이 합리적이다. 비교적 평등한 소규모 공동체에서 구성원들과 자원을 공유하며 살았던 수렵채집사회에 감시는 불필요한 일이었다. 당시 사람들은 야생동물로부터의 위협, 다른 부족의 습격, 천재지변, 병균, 사냥, 식량 확보 등에 주의를 기울였기 때문에 시선이 주로 공동체 내부가 아니라 바깥쪽에 쏠려 있었다. 그 시대의 보는 행위는 통제를 위한 감시라기보다 생존을 위한 주시注視에 가까웠다. 감시와 주시는 강자가 약자에게 행사하는 권력의 메커니즘이 보는 행위와 관련이 있는지 없는지에 따라 구분된다.

그런데 약 1만 2000여 년 전 한 줌의 곡물이 호모사피엔스를 길들이기 시작하자 모든 것이 바뀌어버렸다. 정처 없이 떠돌던 유목민들은 비옥한 토양에 정착해 농경 생활을 시작했다. 농사를 짓고 잉여생산물이 발생하자 사유재산이라는 개념이 생겼고 이어서 계급사회, 국가가 출현했으며 지배계급은 피지배계급을 노예로 부리며 착취했다. 지배계급은 자신들이 누리는 특권과 재산을 잃지는 않을까 전전긍긍했다. 이들은 체제를 유지하기 위해 사회를 단속하며 구성원들을 주의 깊게 지켜보기 시작했는데 이것이 바로 감시의 기원이다. 의식주 문제를 해결한 호모사피엔스(정확히는 지배계급)의 시선이 비로소 외부에서 내부로 향하게 된 것이다.

초기의 감시 대상은 가축과 노예, 그리고 여성이었다. 농경 생활을 시작한 호모사피엔스는 밖에서 떠돌던 동물들을 실내로 유인해 가축으로 길들이는 데 성공했다. 한때 사냥감이었던 동물들은 이제 호모사피엔스의 친구이자 먹거리가 되었다. 호모사피엔스는 돼지, 말, 소, 양, 염소 등을 포획하여 즉시 죽이는 대신 우리에 가두고 감시하며 번식을 장려했다. 가축들은 호모사피엔스의 감시하에 먹이와 온기 어린 장소를 제공받았지만 그 대가로 동물 고유의 야생성은 잃어버렸다.

노예 역시 감시의 주요 대상이었다. 고대국가의 경제는 전적으로 노예 노동력에 기반했기 때문에 노예들을 착취하지 않고서는 국가가 운영되지 않았다. '의무'라는 명목으로 고된 노동이 노예에게 부과되었고 순종적인 노예들은 평생 주인을 위해 희생하며 살았다. 그런데 만약 노예들이 불평등한 지배체제에 불만을 품고 혁명을 일으킨다면 어떻게 될까? 지배계급의 입장에서는 최악의 시나리오이다. 이를 예방하기 위해 지배계급은 불공평한 지배체제를 정당화하는 종교, 법, 규율 등 갖가지 방법을 고안해 냈고 노예들을 수시로 감시하며 그들이 정보를 얻고 똑똑해지는 것을 경계했다.

여성이 감시의 대상이 된 계기는 농업혁명으로 인한 가부장적 일부일처제의 태동과 연관이 깊다. 원시사회에서 호모사피엔스의 가족 체계는 배우자와 자원을 공동체 구성원들과 공유하는 군혼제群婚制였다. 그러나 농업혁명으로 계급사회가 형성되자 지배계급 남성은 재산을 친자에게 물려주기 위해 아이의 생물학적 아버지가 자신이 맞다는 부성 확실성을 높이고자 했다. 그 결과, 일부일처제의 가족 체계가 대중화되었고 여성에게 정절을 강요하며 여성의 성을 폭력적으로 억압하는 것이 마땅하다는 사회적 인식이 생겨났다. 또한 농경 사회에서는 쟁기와 같은 농경 도구를 사용하는 데 물리적으로 강한 힘이 요구되었기 때문에 여성의 경제적 기여도도 축소되었다. 여성은 가정 안팎에서 감시당하며 가장인 남성을 돕는 조신한 보조자이자 아이를 낳는 출산 기계로 전락했다. 독일의 사상가 프리드리히 엥겔스는 이러한 과정을 가리켜 "여성의 세계사적 패배"라고 표현했다.

　기원전 3000~4000년 사이 국가가 우후죽순 생겨나면서 감시의 패러다임은 새로운 시대를 맞았다. 야만인의 습격, 전쟁 등 외부 요인으로 국가가 쇠퇴하는 것을 지켜봐온 지배계급이 감시의 시선을 내부뿐만 아니라 외부로 확장할 필요성을 느끼게 된 것이다. 한 국가 내에서 법, 사회, 행정, 군대, 조세 등 복잡한 체계를 구축한 지배계층은 보다 효율적인 감시체계를 필요로 했고, 감시의 목적 역시 단순한 내부통제에서 벗어나 외세 침입 경계로 확장되었다.

　고대국가는 시민의 안전과 국가안보라는 명분하에 감시를 위한 망루와 성벽을 세웠다. 감시 대상은 가축, 노예, 여성뿐만 아니라 일반 시민을 비롯해 외부 세력에까지도 확장되었다. 흥미로운 점은 시민의 안전과 국가안보를 위한 감시 도구가 실상은 내부 지배계급의 특권 유지 및 체제 안정을 위해서 활용되었다는 것이다. 예일대 정치학 스털링 석좌교수이자 인류학자인 제임스 C. 스콧은 『농경의 배신』에서 다음과 같이 말했다. "농경민이 자신의 작물을 인간 포식자와 인간이 아닌 포식자 모두로부터 보호해야 하듯, 국가의 지배층은 권력의 힘줄을 안전하게 지키는 데 압도적일 만큼 많은 관심을 기울인다. 그들은 경작민과 그들의 곡식 창고, 그들의 특권과 재산, 그들의 정치적 권력과 의례적 권력을 지켜주어야 하는 것이다. (…) 도시 성벽은 국가 유지에 핵심적 요소들이 밖으로 나가지 못하게 잡아두기 위해 기획된 것이었다. 티그리스강과 유프라테스강 사이에 쌓은 이른바 항 아모리인 성벽 역시 아모리인이 국가 '구역' 안으로 들어오는 것을 막기보다는 경작민들이 그 구역 밖으로 빠져나가는 것을 막기 위해 기획되었을 것이다."

한편 중세에 접어들어 감시의 패러다임은 다시 한번 변했다. 감시의 주체자는 성벽 위 경비병에서 신으로, 감시의 대상은 일개 지역사회 혹은 국가에서 전 지구로 확대된 것이다. 종교 세력은 저기 하늘 어딘가에서 신이 인간 사회의 일거수일투족을 내려다보고 있다고 선전했다. 물론 지구가 우주의 중심이 아니듯이, 지구를 감시하는 절대자가 존재한다는 그들의 주장은 허구이다. 그러나 종교적 교리가 견고했던 중세에 신의 감시는 실로 강력한 규율 체계로 작용했다. 사람들은 사후의 삶이 현재보다 낫기를 기대하며 감시에 순응하고 권력자에게 복종했다. 이 시기부터 본격적으로 시간표에 따라 사는 규칙적인 생활양식이 감시자가 항상 지켜볼 수 있는 수도원을 중심으로 확산되었다.

근대에 들어서는 감옥과 군대에서 사용할 법한 감시체계가 학교, 공장, 병원 등으로 확대되었다. 이에 따라 일반인들도 감시자의 지시에 맞춰 규칙적으로 생활하는 일에 익숙해지기 시작했다. 당시 사려 깊은 지식인들은 인간이 기계화되는 현상을 일찍이 간파하고 인간성의 상실과 감시사회의 도래에 대한 심각한 우려를 나타냈다. 대표적인 예로 프랑스의 철학자 미셸 푸코가 있다. 그는 자신의 기념비적인 역작 『감시와 처벌』에서 제레미 벤담의 일망 감시체제인 파놉티콘Panopticon 개념을 언급하며 감시사회에 경종을 울리고 근대에 감시의 패러다임이 또 한 번 진화했음을 밝혔다.

현대는 감시체계를 고도화하기 위한 각종 정책과 첨단기술의 발달이 특히 돋보인 시기였다. 19~20세기에 이르러 세계 각국은 한때 상류층의 특권이었던 신분증을 일반대중에게도 의무적으로 보급하기 시작했다. 두 차례의 세계대전을 겪으며 인적자원을 국가의 전방위적인 감시하에서 효율적으로 통제하고 관리할 필요성이 대두되자 국가가 신분증 발급 및 소지를 의무화한 것이다. 시민들의 사진, 지문, 주소가 포함된 신분증이 시스템에 등록되었고 국가는 개인정보를 효율적으로 관리하기 시작했다.

또한, 19세기에 전화기가 발명된 이후 도청이 암암리에 행해지면서 우리가 일상생활에서 나누는 대화 역시 감시의 대상이 되었다. 20세기에 발명된 신용카드와 CCTV는 감시 대상의 결제 활동과 동선을 식별해 그가 언제, 어디에서, 무엇을 했는지 파악하기 용이하게 만들었다. 개별 대상을 이토록 적은 비용으로 세밀하게 감시하는 것은 기술이 발달하기 전에는 불가능한 일이었다.

심지어 국가가 나서서 감시를 전담하는 정보기관을 설립하는 지경에 이르렀다. 미국과 소련이 냉전 시대를 겪으며 각각 국가안전보장국NSA, National Security Agency과 국가보안위원회KGB, Komitet Gosudarstvennoy Bezopasnosti를 창설해 전 세계를 대상으로 감시를 자행한 것은 유명한 일화이다. 비단 미국과 소련뿐만 아니라 주요국들은 오늘날에도 모두 정보기관을 보유하고 있고, 이들은 첨단기술을 활용해 전방위적인 감시를 일상적으로 행한다. 더 큰 문제는 감시 대상에 적국의 주요 인사를 비롯해 무고한 일반 시민까지 포함한다는 것이다.

지금까지 함께 살펴본 감시의 역사를 요약하면 다음과

같다. 역사적으로 감시는 강자가 약자를 통제하기 위해 행사하는 권력이었다. 수렵채집사회에는 감시가 불필요했다. 본격적으로 감시가 시작된 것은 농업혁명 이후로, 처음에는 가축, 노예, 여성을 대상으로 했던 것이 국가의 발전과 더불어 체계 및 대상 범위가 확대되었다. 감시의 역사는 권력을 가진 주체가 그렇지 못한 평범한 사람들의 신원과 상태를 파악하고 그들을 규범화된 환경에 귀속하려는 일련의 과정이었다. 감시의 패러다임은 몇 차례 진화를 거듭했는데, 그때마다 기존보다 적은 수의 사람들이 더 많은 수의 사람들을 효율적으로 감시하는 것이 가능해졌다. 기술은 감시체계를 업그레이드하는 수단으로 작용하며 새로운 감시 패러다임을 여는 데 혁혁한 공을 세웠다.

닷컴버블이 남긴
위대한 유산

현대에 들어서는 감시의 무대가 우리가 매일 사용하는 인터넷으로 이동했다고 해도 과언이 아니다. 남녀노소를 불문하고 인터넷을 사용하지 않는 사람이 거의 없지만 인터넷이 냉전 시대의 산물이라는 사실을 아는 사람은 생각보다 많지 않다. 인터넷의 모태는 1969년 미국 국방부에서 제작한 군사용 네트워크 아르파넷ARPA net이다. 미국 국방부는 소련과 전쟁 중에 통신이 끊길 것을 대비해 컴퓨터들을 서로 연결하는 아르파넷을 고안해 냈다. 인터넷을 낳은 것은 정부였지만 키운 것은 민간이었다. 1970년대 인터넷 산업은 실로 자유로운 실험의 장이었다. 호기심 많은 컴퓨터 엔지니어들과 재능 있는 학자들은 인터넷을 어떻게 발전

시킬 수 있을지 골몰했다. 이들은 그 어떠한 대가도 바라지 않고 순전히 인터넷이 재미있다는 이유로 자발적으로 네트워크 건설에 참여했다.

그 당시 인터넷 산업의 참여자들은 주로 무정부주의 성향을 지닌 반권위주의자들이었다. 이들은 인터넷이라는 사이버 유토피아가 부조리한 현실로부터 사람들을 자유롭게 해주리라고 진심으로 믿었다. 실제로 1996년 존 페리 발로John Perry Barlow가 인터넷에 올린「사이버 스페이스 독립선언문A Declaration of the Independence of Cyberspace」을 보면 중앙집권적 권력에 대한 적개심이 그대로 드러나 있다. "산업사회의 정권들, 너 살덩이와 쇳덩이의 넌덜머리 나는 괴물아. 나는 새로운 마음의 고향 사이버 스페이스에서 왔노라. 미래의 이름으로 너 과거의 망령에게 명하노니 우리를 두고 떠나라. 너희는 환영받지 못한다. 우리의 영토를 통치할 권한이 너에게는 없다."

주지하는 것은 초창기 인터넷 산업의 발전이 철저히 미국의, 미국에 의한, 미국을 위한 것이었다는 점이다. 민간의 자발적인 참여를 기반으로 미국이 아찔한 속도로 인터넷 산업의 패권을 장악해 나가는 동안 나머지 국가들은 무슨 일이 벌어지고 있는지 전혀 알아차리지 못했다. 냉전 시대에 미국과 대치 중이었던 소련 역시 마찬가지였다. 1962년 소련의 천재 과학자 빅토르 글루시코프가 '오가스OГАC'라는 분산형 컴퓨터 네트워크를 구상하고 개발 지원을 요청했지만 소련 정부는 이를 거절했다. 당시 소련 지도층은 군비를 늘리고 우주에 인공위성을 발사하는 것만이 미래를 위한 최선의 투자라고 생각했기 때문이다.

컴퓨터에 관심 많은 괴짜들뿐만 아니라 일반 사람들까지 인터넷을 사용하게 된 시기는 1990년대에 들어서부터다. 이메일, 월드와이드웹, 개인용 컴퓨터PC 보급 등의 요인이 복합적으로 상호작용해 인터넷 대중화에 불을 붙였다. 사람들은 인터넷으로 다른 사람과 비대면으로 소통할 수 있고, 우체국에 가지 않고도 편지를 보낼 수 있다는 사실에 놀라워했다. 그러나 1990년대 초반까지만 해도 인터넷의 영향력은 여기까지였다. 그 당시에 인터넷이 15세기 구텐베르크의 인쇄혁명에 견줄 만한 정보혁명을 유발할 잠재력을 갖췄다는 것을 눈치챈 사람은 많지 않았다.

인터넷 산업에 전 세계의 이목이 집중된 것은 1990년대 후반 닷컴버블부터이다. 1995년, 웹 브라우저 넷스케이프가 나스닥에 상장하자마자 즉시 주가가 폭등하며 닷컴버블의 시작을 알렸다. 넷스케이프를 창업한 20대 청년 마크 앤드리슨뿐 아니라 인터넷과 넷스케이프의 잠재력에 투자한 주주들 역시 순식간에 떼돈을 벌었다. 상업성이 증명되자 엄청난 규모의 자본과 인재가 인터넷 산업에 몰려들었다. 넷스케이프뿐 아니라 야후, 이베이, 아마존 등 쟁쟁한 인터넷기업들이 연달아 나스닥에 상장했고 주가는 연일 사상 최고치를 찍었다. 인터넷 산업에 대한 관심이 고조됨에 따라 별다른 수익모델이 없어도 사업 정관에 '인터넷'을 넣기만 하면 쉽게 투자를 받을 수 있었고 해당 기업의 주식이 증권거래소에 상장되기만 하면 주가가 폭등했다. 그러자 온갖 협잡꾼들이 돈 냄새를 맡고 인터넷 산업에 몰려들었고 쉽게 돈을 번 젊은 부자들은 연일 호화로운 파티를 열었다.

그러나 '비이성적 과열' 상태는 오래가지 않았다. 수익을 내지 못한 인터넷기업들이 줄도산했고 인터넷 산업의 지속 가능성에 의구심을 품은 사람들이 하나둘씩 생겨났다. 닷컴버블 때 파티장에 들어온 사람들은 슬금슬금 뒷걸음을 치며 탈출구를 찾기 시작했다. 마침내 2000년 나스닥에 상장된 인터넷기업들의 주식이 폭락하면서 닷컴버블이 터졌다. 비관론자들은 닷컴버블을 인간의 탐욕이 낳은 해프닝으로 취급하며 인터넷의 잠재력을 과소평가했다. 노벨 경제학상 수상자인 폴 크루그먼은 "2005년이 되면 인터넷이 경제에 미친 영향이 팩스 기기보다 대단하지 않다는 사실이 분명해질 것"이라고 주장했다. 오늘날 우리는 이것이 얼마나 오만하고 잘못된 억측이었는지 잘 알고 있다.

버블이 터졌다고 해서 닷컴버블을 17세기 '튤립버블'과 동일시할 수는 없다. 튤립과 달리 인터넷은 닷컴버블로 순기능을 남겼다. 인터넷 인프라가 단기간에 설치됐고 우수한 인재와 자본이 물밀듯이 몰려들어 산업의 발전을 촉진했다. 별 볼 일 없던 기업들이 역사의 뒤안길로 사라지는 사이, 영민한 기업가들은 위기를 기회로 이용해 훌륭한 기업을 일구어냈다. 혁신적인 기업들이 제공하는 서비스 덕분에 사람들은 인터넷을 단순히 이메일을 주고받는 용도 이상으로 사용하기 시작했다. 인터넷으로 궁금한 주제를 검색하고, 물건을 사고, 가상공간에 아바타를 만들어 다른 사람들과 교류하는 등의 일이 가능해진 것이다.

닷컴버블은 위대한 유산을 남겼다. 아마존, 구글, 페이스북, 마이크로소프트, 애플, 바이두, 알리바바, 텐센트 등 실로 쟁쟁한 인터넷기업들이 닷컴버블의 파고를 넘으며 위세를 키워나갔다. 이 기업들은 각자의 주특기를 살린 거함을 앞세워 정보의 바다를 완벽히 장악했고 오늘날 우리의 삶과는 떼려야 뗄 수 없는 존재가 되었다.

하지만 우리는 인터넷기업들의 성공 비결이 바로 감시에 있다는 점을 알 필요가 있다. 은밀하게 행해지는 사용자 감시와 교묘한 데이터 수집이 없었다면 인터넷기업들은 이렇게 빨리 세를 불리지 못했을 것이다. 감시에 최적화된 알고리즘을 고안해 사용자로부터 가급적 많은 데이터를 뽑아내고, 고객의 데이터를 광고주에게 팔거나 자사의 서비스 품질 향상에 활용하는 것이 이들이 영위하는 비즈니스의 본질이다. 인터넷기업들이 전방위적인 감시를 행하는 이유는 경영자가 대단한 도덕적 결함이나 악의를 가져서가 아니라(참고로 구글의 사명은 '악마가 되지 말자 Don't be evil'이다) 단지 감시에 따른 데이터 수집이 가장 효율적으로 돈을 버는 방법이기 때문이다.

사이버 유토피아의 가능성을 보여준 인터넷도 감시의 역사가 증명하는 법칙, '모든 기술은 권력자가 지배하는 감시체계 발전에 활용된다'에서 결코 예외가 될 수 없음이 증명됐다. 한때 자유와 평등의 가치를 신봉하던 인터넷기업들은 우리의 일거수일투족을 감시하며 데이터를 게걸스럽게 먹어치우는 '디지털 빅브라더'로 변질됐다. 한때 후드티를 입고 차고에서 밤새 코딩을 하던 청년들은 시간이 흘러이제 제국의 근엄한 권력자들이 되었다. 이토록 소수에게이토록 다수를 감시할 수 있는 권한이 부여된 것은 감시의역사상 전례 없는 일이다.

인상적인 것은 오늘날 디지털 빅브라더로 군림한 인터넷기업들이 대부분 미국과 중국 출신이라는 점이다. 인터넷 종주국 미국은 실리콘밸리를 중심으로 혁신의 용광로에 쉬지 않고 땔감을 밀어 넣었고 디지털 패권을 철저하게장악했다. 미국이 민간기업 주도하에 주인 없는 정보의 바다에 영역 표시를 하고 있을 때, 중국에서는 색다른 풍경이펼쳐지고 있었다. 정부 주도 아래 인터넷 산업을 키우기로결심한 중국이 미국과는 정반대의 방식으로 디지털 빅브라더를 육성하기 시작한 것이다.

중국의 만리방화벽과
디지털 민족주의

20세기 말 미국이 닷컴버블 파티를 즐기고 있을 때, 중국에서는 전혀 다른 성격의 일이 발생했다. 중국 민주당이 인터넷에 공산당의 치부를 적나라하게 드러내며 체제 전복을 꾀한 것이다. 중앙정부가 통제하기 어려운 인터넷을 활용한 중국 민주당의 선전은 제대로 먹혀들었고 공산당 독재체제에 반감을 가진 시민들이 인터넷으로 정보를 주고받기 시작했다. 오늘날에는 정치인들이 사회관계망 서비스SNS로 유세를 하거나 정치 논객들이 온라인에서 토론하는 일이 흔하지만, 당시만 해도 인터넷을 정치적 목적으로 활용하는 일은 드물었다.

위기의식을 느낀 중국 공산당은 특단의 조치를 내렸다.

바로 정부가 인터넷에 떠도는 정보를 철저히 검열하겠다는 것이다. '황금방패Golden Shield'로 일컬어지는 이 프로젝트의 목표는 인터넷 사용자들을 감시하고 정보를 통제하는 것이다. 중국 공안부는 1998년부터 추진한 황금방패 프로젝트에 8억 달러를 투입했고 2003년 거대한 만리방화벽(만리장성과 방화벽을 합성한 용어)을 구축하는 데 성공했다. 그 결과, 중국 인터넷에 '천안문', '티베트 인권' 같은 키워드를 검색하거나 관련 정보를 게시하는 것이 일절 금지되었다. 인터넷 사용자들의 일거수일투족과 정보들은 사이버 경찰에 의해 감시당하고 검열당하기 시작했다.

만리방화벽이 구축되면서 중국의 인터넷은 인트라넷으로 바뀌었다. 진시황이 사상을 탄압하기 위해 분서갱유를 했듯이, 중국 정부는 시민의 알 권리를 차단했고 중국의 인터넷은 감시와 통제의 수단으로 변질됐다. 물론 중국 내에서도 계급에 따라 접근할 수 있는 온라인 정보의 수준이 상이하다. 영어와 기술을 활용할 수 있는 엘리트 계급은 가상사설망VPN, Virtual Private Network을 몰래 설치해 사이버 경찰의 감시에서 벗어나 해외 사이트를 자유롭게 이용하고 중국 정부는 이를 암묵적으로 허용한다. 이것은 마치 감옥에 갇힌 죄수의 방에 조그마한 창문을 내어주고 이따금씩 밖을 내다 볼 수 있게 해준 것과 같다.

한편, 만리방화벽이 구축되자 당시 인터넷 세계를 제패 하고 있던 야후, 구글, 이베이 같은 미국 기업들은 쫓기듯이 중국에서 사업을 철수해야 했다. 자유민주주의를 신봉하는 미국 기업들이 인터넷을 감시와 통제에 활용하는 중국 정 부에 우호적으로 협조하지 않았고, 그 결과 중국 내 사업권 을 박탈당한 것이다. 즉 만리방화벽에 맞춰 감시 시스템을 재편하고 중국 정부에 협력하는 기업들만이 중국에서 살아 남을 수 있었다. 바이두(검색엔진), 알리바바(전자 상거래), 텐 센트(메신저, 게임) 같은 중국 현지 기업들은 정부에 적극적 으로 협력하며 외국 기업들이 떠난 자리를 꿰찼다.

초창기 중국 인터넷기업은 미국 기업의 '카피캣copycat'이 라는 오명을 썼지만 정부의 비호 아래 급속하게 세를 불려 나갔다. 그들은 특히 민족주의를 자극하며 능수능란하게 애국심 마케팅을 펼쳤다. 예를 들어, 알리바바의 창업자 마 윈은 미국 자본가들을 위한 기업인 이베이와는 달리 알리 바바는 중국 서민들을 위한 기업이라고 선전했다. 중국 정 부와 긴밀한 유착관계를 형성하고 있던 마윈은 자신감에

차서 다음과 같이 말한 적이 있는데 실제로 알리바바는 이베이를 압도적으로 능가하는 거대 기업이 되었다. "이베이가 바다의 상어라면 우리는 양쯔강의 악어이다. 바다에서 싸운다면 지겠지만 강에서는 이긴다."

오늘날 글로벌 인터넷 업계에서 중국의 입지는 괄목할 만한 수준이다. 바이두, 알리바바, 텐센트, 샤오미, 화웨이, 바이트댄스(틱톡) 등과 같은 중국 인터넷기업들은 업계에서 상당한 영향력을 발휘하는 디지털 빅브라더로 성장했다. 2018년 에릭 슈미트 구글 전 회장은 인터넷 세계가 미국과 중국 주도로 양분될 것이라고 예측했는데 실로 그렇다. 대항해시대에 스페인과 포르투갈이 바다의 패권을 장악했던 것처럼, 오늘날 미국과 중국은 정보의 바다를 완벽하게 제패하고 자국의 대표 인터넷기업들을 내세워 서로를 견제하고 있다. 과격하게 표현하자면, 한국을 비롯한 나머지 국가들은 사실상 미·중 인터넷기업들의 영향력에서 자유롭지 않은 디지털 식민지인 셈이다.

미·중 인터넷 산업 발전사를 비교해 보면 몇 가지 흥미로운 시사점을 도출해 낼 수 있다. 우선 중국의 인터넷 산업에는 정치적 동기가 상업적 동기보다 더욱 빨리 개입했다는 점이다. 체제 전복에 위협을 느낀 중국 정부가 전면에 나서 인터넷 산업을 통제하고 만리방화벽을 구축했다. 이는 자유시장경제에 기반해 철저히 민간기업 주도로 인터넷 산업이 발전한 미국과는 판이한 양상이다. 또한, 중국 정부가 사이버 경찰을 배치해 정치적으로 민감한 정보를 검열하는 것 역시 표현의 자유를 존중하는 미국식 인터넷과는 대조되는 특성이다.

중국에서 최초로 발현된 디지털 민족주의 역시 인상적이다. 원래 인터넷에는 국경이 없다. 전 세계 시민들이 자유롭게 출입할 수 있는 사이버 지구촌이 본래 인터넷의 슬로건이다. 인터넷 산업의 초기 발전을 주도한 무정부주의자들이 경계한 것도 폭력적인 국가주의와 원시적인 민족주의였다. 개인 사용자의 입장에서 봐도 인터넷 서비스를 제공하는 기업의 국적은 전혀 중요하지 않다. 그러나 중국 정부는 만리방화벽을 구축해 미국 기업들을 내쫓고, 현지 권력에 순응하는 중국 기업들을 중심으로 생태계를 조성했다. 그리하여 중국 시민들로 하여금 자국 기업이 제공하는 인터넷 서비스만을 사용하게끔 강제하는 데 성공했다.

마지막은 중국 인터넷기업들이 행하는 감시가 미국 기

업들에 비해 훨씬 심화된 수준이라는 점이다. 닷컴버블이 터진 이후, 이윤 창출에만 골몰하던 미국 인터넷기업들과 달리 중국 인터넷기업들에는 돈을 버는 것 외에 또 다른 고민거리가 있었다. 그것은 바로 권력의 눈 밖에 나지 않고 안정적으로 사업권을 보장받는 일이었다. 중국 정부는 일찍이 인터넷이 정치적으로 활용될 수 있다는 가능성을 알아챘고 인터넷기업들에 압력을 넣어 사이버 감시를 확대했다. 규제에 민감한 중국 인터넷기업들 입장에서는 정부의 노골적인 감시와 통제 협조 요청에 순응하는 것 외에는 달리 대안이 없었다.

국적을 불문하고 거의 모든 인터넷기업이 생존과 사업 확장을 위해 감시를 필수적으로 행해야 한다는 사실을 서서히 체득하기 시작했다. 다만, 미국과 중국은 그 동기가 다를 뿐이었다. '감시는 돈이 되는 비즈니스'라는 것을 깨달은 미국 기업들이 상업적 동기 때문에 감시를 행했다면, 중국 기업들은 '감시는 정부에 협조하고 사업권을 보장받기 위한 수단'이라는 정치적 동기에 기반해 감시를 행했다.

그런데 어느 시점 이후, 미국 인터넷기업들도 감시를 정치적인 목적으로 활용하기 시작했다. 미국의 심장부를 강타한 9.11 테러를 기점으로 감시의 역사는 다시 한번 도약했다.

9.11 테러 이후
미국의 감시사회

2001년 9월 11일은 여느 날과 다를 것 없는 평범한 화요일이었다. 미국 상공을 날던 민간 비행기들이 테러범들에게 납치되기 전까지는 말이다. 납치된 비행기들은 뉴욕으로 향했고 세계무역센터 쌍둥이 빌딩에 나란히 돌진했다. 쌍둥이 빌딩은 요란한 굉음을 내며 붕괴했고 수천 명의 인명 피해가 발생했다. 이 사건으로 미국 사회는 충격과 슬픔에 빠졌고 금융시장이 마비됨에 따라 천문학적인 수준의 경제적 손실이 발생했다. 무엇보다도 당시 세계 경찰 노릇을 하던 미국의 명성에 커다란 금이 갔다.

미디어는 9.11 테러를 집중적으로 다루었다. 검은 매연을 내뿜으며 무너지는 쌍둥이 빌딩, 고층빌딩에서 뛰어내리는 사람, 온몸에 피를 뒤집어쓴 부상자, 오열하는 유족들의 모습 등등. 9.11 테러에 대한 각종 이미지가 재생산되었고 사람들은 공포를 느꼈다. 세계적인 사회학자 지그문트 바우만은 『유동하는 공포』에서 "공포가 가장 무서울 때는 그것이 불분명할 때, 위치가 불확정할 때, 형태가 불확실할 때, 포착이 불가능할 때, 이리저리 유동하며, 종적도 원인도 불가해할 때"라고 적었는데 실로 그랬다. 9.11 테러의 참혹한 잔상을 목격한 사람들은 불안에 떨었고 테러에 대한 공포는 나날이 커졌다.

국가라는 괴물은 공포를 먹이로 삼아 덩치를 키운다. 국가안보에 위협을 느낀 미국 정부는 곧바로 대응에 들어갔다. 알카에다의 지도자 오사마 빈 라덴을 9.11 테러 주동자로 지목하고 '테러와의 전쟁'을 선포하며 대^對테러 활동을 강화하고 오사마 빈 라덴을 제거할 것을 천명했다. 곧 미국판 테러방지법이라 할 수 있는 '애국자법^{Patriot Act}'이 제정됐고, 미국 정보기관에 전례 없는 수준의 감시 권한이 부여됐다. 테러와의 전쟁은 곧 '프라이버시와의 전쟁'을 의미했다. 국가는 안보를 빌미로 개인의 프라이버시를 등한시하며 이를 침범하는 것을 당연하게 여겼다. 이로써 프라이버시는 '마땅히 누려야 할 개인의 자유'가 아니라 '테러를 일으킬 소지가 있는 잠재적 범죄자의 수상한 꿍꿍이' 수준으로 격하되었다. 9.11 테러 이후 감시를 정당화하는 법안의 제정과 첨단기술의 발전이 맞물려 감시의 강도를 강화했고 시민들의 일상은 촘촘한 감시의 그물망으로 뒤덮이게 되었다.

미국 정보기관의 최대 관심사는 테러리스트를 '미리' 체포해 미연의 사고를 방지하는 것이었다. 마치 영화 〈마이너리티 리포트〉에 나오는 것처럼 말이다. 그들은 프로파일링을 통해 특정 인물이 잠재적으로 테러리스트가 될 소지가 있는지 판단하고 감시의 강도를 결정했다. 고위험군으로 분류되면 강도 높은 감시(도청, 단속 등)를 당하게 되고 구체적 증거 없이 정황상 근거만으로도 기소되거나 심지어 징역형을 살 수도 있다. 더 큰 문제는 프로파일링에 피부색과 종교가 영향을 미친다는 점이다. 만약 당신이 중동 출신이라면 아무런 죄가 없더라도 프로파일링에 의해 잠재적 테러리스트 취급을 받으며 각종 불이익을 당할 가능성이 높다. 뒤늦게 밝혀진 사실이지만, 미국 정보기관은 감시 대상을 테러 집단에만 국한하지 않았다. 그들은 이민자, 유색인종(특히 중동 출신), 반체제 성향을 가진 사람, 심지어 평범한 시민까지도 잠재적 테러리스트로 취급하고 프로파일링하며 전 지구적 감시를 행했다.

9.11 테러는 의심의 문화를 낳았다. 도처에 테러범이 있을 수 있다는 불안감이 확산되자 사람들은 낯선 이방인을 경계하며 서로를 의심하기 시작했다. 정부가 테러리스트로 의심되는 사람을 신고할 것을 장려하자 시민들은 서로에게 잠재적 용의자이자 밀고자가 되었다. 시민들이 일상에서 경찰과 정보기관의 눈과 귀 역할을 자처하는 것은 소설 『1984』에서 묘사된 상황과 크게 다르지 않다. 중국과 달리 개인의 자유와 프라이버시를 중시하는 미국에서도 9.11 테러 이후 이러한 관행이 생겨났다는 것이 놀랍기만 하다.

냉전이 종식된 이후 주춤했던 감시 산업은 9.11 테러 이후 다시금 활기를 띠었다. 소련과 공산주의에 대한 공포가 테러에 대한 공포로 대체됨에 따라 감시에 대한 수요가 늘어난 덕분이었다. 미국 정부는 기업들에 감시의 효율성을 높일 기술 지원을 요구했다. CCTV, 생체인식, 보안, 데이터 관리와 관련된 기업들은 기회를 놓치지 않고 감시 제품과 서비스를 제공해 떼돈을 벌었다.

이때 기술적으로 한 차원 높은 수준의 디지털 감시를 가능하게 한 장본인이 바로 구글과 페이스북 같은 인터넷기업들이었다. 생각해 보라. 전 세계 인구의 절반이 넘는 수십억 명의 사람이 매일 인터넷을 사용한다. 게다가 중국과 러시아를 제외한 대부분의 국가에서는 미국 기업이 제공하는 서비스를 사용한다. 미국 정보기관의 입장에서 보면 인터넷 길목을 장악하고 있는 소수의 기업들만 감시하고 통제해도, 감시체계를 고도화하고 감시 대상을 전 세계로 확대할 수 있는 것이다.

9.11 테러 이후 감시를 강화하기 위해 국가가 기업에 기술적 지원을 강력하게 요청하는 상황에서, 아무리 자유주의를 신봉하는 미국의 실리콘밸리 기업이라도 국가권력에 협조하는 것 외에는 별다른 대안이 없었을 것이다. 정치적 압력이 가해지자 기업들은 디지털 감시 기술을 제공하며 정부의 감시와 통제에 협력하기 시작했다. 마치 중국 기업들처럼 말이다. 기업들의 전폭적인 지원 덕분에 미국 정보기관은 전 세계 시민들을 잠재적 테러리스트로 취급하며 전방위적인 디지털 감시를 행할 수 있었다. 훗날 용감한 내부 고발자가 등장하기 전까지 세계 시민들은 이 사실을 미처 알지 못했다.

디지털 냉전의
서막

9.11 테러 이후 테러와의 전쟁을 선포한 미국은 국방부 소속 정보기관인 NSA의 첩보 최우선 목표를 테러리스트 사전 적발로 삼았다. 9.11 테러로 명성에 금이 간 미국과 NSA는 전 세계를 대상으로 감시를 실시했는데 여기에 최첨단 디지털 기술이 활용되었다. 미국의 애국자법은 NSA가 일반 시민에게서까지 무차별적으로 정보를 수집하는데도 아무런 제재를 받지 않는 법적 근거로 활용되었다.

미국 국가안보를 위해 통신 감청을 통한 정보수집, 암호 해독을 전문적으로 수행하는 NSA는 대외적으로 알려진 바가 거의 없어 사실상 그림자 세력으로 불린다. 1952년 창설됐지만 그 존재가 창설된 지 30년이 지나서야 공개될 정도로 비밀리에 운영되는 기구다. 오죽하면 '그런 데 없습니다No Such Agency', '아무것도 말하지 않는다Never Say Anything'가 NSA의 별명일 정도이다.

앞에서 이야기한 것처럼 20세기는 첩보전이 꽃피운 시기였다. 첩보가 전쟁에서 승리하는 데 유용한 수단이라는 것이 증명되자, 각국은 첩보를 관장하는 정보기관을 만들고 엘리트 요원을 양성하는 데 막대한 예산을 투자했다. 특히 제1, 2차 세계대전 이후 미국과 소련 진영 간의 첩보전은 모든 분야에서 감시가 일상화되는 경향을 초래했다. 냉전 시대에 미국과 소련은 표면적으로 무력 충돌을 자제하는 모습을 보였으나, 보이지 않는 곳에서는 치열한 첩보전을 이어갔다. 일반인은 결코 알아차리지 못할 기상천외한 방식과 첨단기술을 활용해서 말이다(스파이, 도청, 암호 해독은 기본이고 영국 BBC의 보도에 따르면 비둘기에게 초소형 카메라를 달아 목표물의 사진을 수집하는 방식까지도 동원될 정도였다).

냉전 시대에 미국을 비롯한 서구권은 첩보의 효율성을 높이기 위해 서로 협력하기로 했다. 제2차 세계대전 당시 긴밀하게 협력했던 미국과 영국은 전쟁이 끝난 후 소련의 영향력이 세계로 확대되는 것을 경계해 1946년 비밀정보

공유협정UKUSA Agreement을 맺었다. 그리고 그로부터 10년 뒤인 1956년 다른 영미권 국가인 캐나다, 호주, 뉴질랜드가 2차로 참여하면서 '파이브 아이즈Five Eyes'라 불리는 글로벌 첩보연합이 만들어졌다. 훗날 한국, 일본, 프랑스가 파이브 아이즈와 연합했지만, 초기에 참여한 영미권 국가들에 비해 접근할 수 있는 정보가 제한적인 것으로 알려져 있다.

파이브 아이즈는 소련의 군사 활동을 감시하고 공산주의 진영을 견제하기 위해 동맹국이 보유한 정보를 공유했고 초국가적 감시에 협력했다. 1960년대 파이브 아이즈는 '에셜론ECHELON'이라는 세계 최대 규모의 통신감청 시스템을 개발해 소련 진영의 군사 외교 분야를 감청하기 시작했다. 에셜론은 고주파 통신, 위성, 해저케이블, 인터넷 등 모든 수단을 동원해 목표물을 감청하고 정보를 수집했다. 개인 전화, 팩스, 이메일뿐 아니라 항공기, 함정 등 지구상 존재하는 거의 모든 통신 시스템이 에셜론의 감시 대상이었다. 냉전이 끝난 뒤에도 에셜론은 감시를 멈추지 않고 대상을 전 세계로 확대했다. 여기에 인터넷이 유용하게 활용됐다. 파이브 아이즈에서 주도적인 역할을 해온 것으로 알려져 있는 NSA는 에셜론을 활용해 소련뿐 아니라 미국 안보에 잠재적으로 해가 될 만한 모든 개인, 단체, 기업, 국가를 감시해 왔다.

스파이영화를 보거나 근거 없이 떠도는 음모론을 들을 때면 정보기관 요원이 우리의 일상을 감시하고 있을 수도 있다는 막연한 불안감이 엄습한다. 그러나 이것은 어디까지나 추측일 뿐이다. 추측이 사실이 되기 위해서는 근거가 필요하다. 문제는 보안을 철두철미하게 지키며 비밀리에 활동하는 NSA 같은 정보기관의 꼬리를 잡는 것이 불가능에 가깝다는 점이다. 따라서 9.11 테러 이후 NSA가 일반 시민들까지 감시했음에도 불구하고, 이 사실을 인지한 사람이 거의 없었다는 점은 별로 놀랍지 않다.

정보기관의 추악한 면이 밝혀진 것은 2013년으로, 비교적 최근의 일이다. 전 NSA 요원인 에드워드 스노든이 내부 고발을 통해 NSA가 가능한 모든 수단을 동원해 전 세계를 감시해 왔다고 폭로했다. NSA가 감시한 대상에는 테러리스트와 적국의 주요 인사뿐만 아니라 일반 시민들까지 포함되어 있었다. 냉전 시대에 소련의 기밀정보를 캐내기 위해 만들어진 NSA가 이제는 감시의 대상을 민간인에게까지로 확대한 것이다.

에드워드 스노든에 따르면 NSA는 디지털 감시를 효과적으로 실시했다. 에셜론의 온라인 버전이라 할 수 있는 디지털 감시 프로그램 '프리즘PRISM'은 인터넷기업의 서버에 접근해 허락 없이 사용자 정보를 수집하고 분석하는 일종의 백도어Backdoor 프로그램이다. NSA는 프리즘을 활용해 구글, 애플, 페이스북, 야후, 스카이프 등 미국 인터넷기업들의 서버에 접속해 사용자들의 검색 내역, SNS 포스팅, 채팅 내용, 이메일 등을 무차별적으로 수집했다. 자유와 평등의 가치를 중요하게 여기는 척하던 실리콘밸리는 결국 권력 앞에 굴복하고 NSA의 감시에 협조한 것으로 탄로 났다. 마치 정부의 독재와 감시에 협력하는 중국 기업들처럼 말이다.

NSA는 프리즘뿐 아니라 '엑스키스코어Xkeyscore'라는 프로그램을 통해서도 디지털 감시체계를 고도화했다. 'NSA의 구글'로 불리는 엑스키스코어는 전 세계 시민들의 인터넷 활동을 감시하며 수집한 데이터를 검색 및 관리할 수 있는 시스템이다. 엑스키스코어에 이름, 이메일, 전화번호 등 몇 가지 개인정보와 특정 키워드를 검색하면, 상대방과 관련된 상세한 정보를 상대방의 동의 없이 열람할 수 있다. 개인의 기본 신상정보뿐 아니라 동선, 관심사, 자주 연락하는 사람, 온라인 친구 목록 등이 제3자에 의해 낱낱이 파악되는 것이다.

에드워드 스노든의 폭로로 세계는 혼란에 휩싸였다. 우리가 매일 사용하는 주머니 속 스마트폰이 알고 보니 정보기관의 감시장치였다는 사실에 사람들은 경악했다. 그러나 이에 반감을 가진 것도 잠시, 사람들은 금세 편리한 스마트폰에 다시금 길들여졌고 개인정보가 노출되고 제3자에게 감시당하는 것을 대수롭지 않게 여겼다. 인터넷기업들은 단 1분이라도 더 사용자를 붙잡아 두기 위해 갖가지 중독적인 장치(뇌의 도파민을 자극하는 빨간색 알림, 추천 콘텐츠, 팝업 정보 등등)를 고안해 냈고 우리는 스마트폰에 점점 종속되었다.

누군가는 혼돈 속에서 기회를 보는 법이다. 중국이 그랬다. 일찌감치 만리방화벽을 통해 미국 기업의 진입을 차단한 중국 정부는 NSA 사태를 지켜보며 인터넷 산업 육성의 중요성을 절감했다. 21세기는 인터넷을 지배하는 국가가 패권을 거머쥘 것이다. 주인 없던 바다와 하늘을 지배해 세계를 호령한 과거의 제국들이 그랬던 것처럼 말이다. 다만 과거와 차이점이 있다면 이번에는 전장이 인터넷이라 불리는 가상세계라는 점, 군대가 최첨단 디지털 기술로 무장한 민간기업들이라는 점, 그리고 무기가 전투기나 항공모함이 아니라 데이터라는 점이다.

중국은 자국의 기업들이 미국 기업들과의 경쟁에서 밀리면 미국과의 전쟁에서 결코 우위를 점할 수 없다는 점을 가장 먼저, 그리고 절실하게 깨달은 국가였다. NSA 사태로 미국 인터넷기업들의 지배력이 부각된 이후, 중국의 기술 굴기가 본격화되었고 화웨이, 알리바바, 텐센트 등과 같은 중국 인터넷기업들이 내수 시장을 넘어 해외로 영토를 공격적으로 확장하기 시작했다. 바야흐로 디지털 냉전 시대가 개막한 순간이다.

데이터 도굴꾼이 된
사이버 유토피안

"우리는 모두 히피에게 빚을 졌다We owe it all to the hippies." 초창기 실리콘밸리의 문화 형성에 지대한 영향을 미친 언론인 스튜어트 브랜드Stewart Brand가 1995년 미국 시사주간지 《타임》에 기고한 글의 제목이다. 이 글에서 스튜어트 브랜드는 1960년대가 남긴 진정한 유산은 반전운동, 우드스톡, 장발이 아니라 컴퓨터 혁명이라고 적었다. 히피들은 1960년대 미국 샌프란시스코를 중심으로 기존의 사회 통념, 제도, 가치관에 저항하고 자연친화적 성향을 띠며 자유로운 생활양식을 추구하는 문화를 만들었다. 기존의 사고방식을 거부하고 새로운 세상을 꿈꿨던 히피 문화에 컴퓨터, 인터넷, 모바일로 이어지는 디지털혁명의 중심지인 실리콘밸리가 많은 영향을 받은 것은 부인할 수 없는 사실이다.

실리콘밸리와 히피 하면 떠오르는 대표적인 인물이 바로 애플의 창업주 스티브 잡스이다. 기성 사회에 길들여지는 것을 거부한 스티브 잡스는 대학을 중퇴하고 동양 문화, 인문 고전, 명상 등에 심취해 시간을 보냈다. 또한 창의적인 생각을 위해 마약의 힘을 빌렸다는 사실을 공공연하게 밝힐 정도로 자유분방한 삶을 추구했다. 그는 특유의 반골 기질 덕분에 기존의 틀을 깨는 혁신적인 시도를 많이 했고 이는 애플이라는 위대한 기업의 탄생으로 이어졌다. 애플의 슬로건이 '다르게 생각하라Think Different'일 정도로 스티브 잡스는 인습에 갇히는 것을 지독히 싫어했다.

1960년대 히피 문화의 부흥과 더불어 스티브 잡스와 같은 젊은 히피들이 실리콘밸리에 모여들었다. 이들은 '세상을 더 나은 곳으로 바꾸고 싶다'는 비전을 가지고 있었다. 도전 정신으로 무장한 똑똑한 인재들, 첨단기술 분야에 대한 깊은 이해와 더불어 풍부한 모험자본을 바탕으로 실리콘밸리는 단숨에 첨단기술의 메카로 떠올랐다. 애플의 뒤를 이어 구글, 야후, 트위터, 이베이, 야후, 넷플릭스, 테슬라 같은 쟁쟁한 혁신기업들이 실리콘밸리에 둥지를 튼 것은 결코 우연이 아니다.

실리콘밸리에 모인 엘리트들은 첨단기술의 발달이 세상을 더 나은 곳으로 만든다고 굳게 믿었다. 그들은 세속적인 성공을 추구하기보다 자신이 만든 창조적인 결과물로 세상에 긍정적인 영감을 불어넣기를 진심으로 바랐다. 그러다 보니 실리콘밸리에서 기업을 경영하는 비즈니스맨의 성향은 현실주의보다 이상주의에 가까운 경우가 많았다. 전통적인 방식으로 매출을 늘리고 원가를 절감해 이윤을 극대화하는 일보다는 '미친 아이디어로 떼돈을 벌고 모험을 즐기자'는 생각이 당시 실리콘밸리 기업가들이 공통적으로 추구하던 목표였다. 그들은 단순히 제품을 판매하는 것이 아니라 전 세계 사람들이 자신들의 비전에 공감하고 개혁에 동참하기를 바랐다.

인터넷 혁명은 실리콘밸리 엘리트들에게 엄청난 영감을 불어넣었다. 히피 문화를 계승한 그들이 보기에 인터넷에 펼쳐진 가상공간은 그들이 그동안 추구해 온 가치관(반권위주의, 자유, 평등, 공생, 개방)을 실현할 최적의 장소였다. 첨단기술을 신봉하는 실리콘밸리 엘리트들은 사이버 유토피안을 자처하며 보다 많은 사람이 인터넷을 사용할 수 있도록 독려했다. 당시 인터넷 대중화를 들뜬 마음으로 지켜보던 사이버 유토피안 중에서, 향후 인터넷이 어떤 부작용을 낳을지 우려하는 사람은 거의 없었다.

인터넷 산업의 초기 발전을 주도한 실리콘밸리 엘리트들은 모든 사람이 인터넷을 무료로 사용할 수 있어야 한다는 비전을 공유했다. 따라서 이메일, 검색엔진, SNS 등의 분야에서 태동한 각종 인터넷기업들은 자사의 서비스를 사용자에게 무료로 제공하는 것을 일종의 표준으로 여겼다.

그러나 선한 의도로 시작한 일이 항상 좋은 결과로 이어지는 것은 아니다. 이상주의자들의 호의로 시작된 무료 정책은 역설적이게도 오늘날 디지털 빅브라더와 관련된 거의 모든 문제의 원흉이 되었다. 인터넷기업들은 무료 플랫폼의 한계를 극복하고 이윤을 창출하기 위해 온라인 광고라는 비즈니스 모델을 도입했다. 무료 서비스와 온라인 광고 모델을 가장 성공적으로 결합한 기업은 한때 별 볼 일 없는 스타트업이었던 구글이다. 구글은 사용자들이 검색에 최적화된 자사의 인터페이스를 이용할 때 생성된 데이터를 온라인 광고 사업에 성공적으로 결합해 데이터가 황금알을 낳는 거위라는 사실을 세상에 알렸다. 돈 냄새를 맡은 기업들은 도를 넘은 방식으로 사용자의 데이터를 수집하기 시작했고 이는 감시 자본주의의 출현으로 이어졌다. 감시 자본주의에 대해서는 2장에서 자세히 설명하겠다.

오늘날 우리는 인터넷 서비스를 무료로 사용하는 것을 당연하게 여긴다. 그러나 서비스를 무료로 제공하는 기업이 어떤 방식으로 돈을 벌어서 이를 운영하는 것인지 그 원리를 아는 사람은 많지 않다. 왜냐하면 인터넷 세계의 규칙은 일반인들은 결코 이해할 수 없는 복잡한 컴퓨터 코드 속에 숨겨져 있기 때문이다. 마찬가지로 기업들이 어떻게 우리의 데이터를 수집하고 관리하고 상업화하는지 인지하고 있는 사람 또한 거의 없다.

인터넷 서비스는 검색, SNS, 쇼핑, 커뮤니케이션, 콘텐츠, 금융 등 실로 다양한 양태로 존재하는데, 이러한 서비스를 제공하는 기업들의 공통된 관심사는 데이터이다. 데이터를 효과적으로 활용해 세력을 키운 기업은 인터넷 가상세계와 현실세계를 감시하고 통제하는 디지털 빅브라더로 거듭난다. 디지털 빅브라더는 권력을 유지하기 위해서 은밀한 감시 도구, 신경을 분산하는 보조장치, 정교한 알고리즘 등을 활용한다. 이 과정에서 우리는 사용자로 존재하는 것이 아니라 팔리는 '상품', 여기에서 더 나아가 데이터를 생산하는 '노동자'가 된다.

첨단기술을 통해 세상을 더 나은 곳으로 바꾸겠다던 사이버 유토피안들은 오늘날 데이터 도굴꾼으로 전락했다. 그들은 은밀한 방식으로 우리의 데이터를 훔치고 이를 광고주에게 팔아 큰돈을 번다. 예를 들어, 구글에서 로봇청소기를 검색하면 유튜브에 로봇청소기 광고가 노출된다. 또한 페이스북에서 커리어 조언에 관한 콘텐츠에 '좋아요'를 누르면 인스타그램에 직장인 대상 커리어 개발 강의 광고가 뜨는 식이다. 심지어 페이스북은 사용자 몰래 음성 데이터를 수집하고 있다는 의혹을 산 바 있는데, 기업들의 사용자 프라이버시 침해가 도를 넘은 것이 아니냐는 우려가 끊이질 않고 있는 상황이다.

오늘날 인터넷은 만인이 무한한 자유를 누리는 평등한 공동체가 아니라, 소수의 빅브라더가 다수를 착취하며 데이터를 생산해 내는 거대한 공장으로 변해버렸다. 우리는 이제 사이버 유토피아가 결코 존재하지 않는 신기루라는 것을 잘 알고 있다. 고결한 이상(이를테면 구글의 '악마가 되지 말자'나 페이스북의 '세상을 더 가깝게bring the world closer together'와 같은 것들)을 내세웠던 사이버 유토피안들이 사실은 기만적인 데이터 도굴꾼이라는 점도 탄로 났다.

실리콘밸리 엘리트들의 바람과 달리, 첨단기술의 발달은 우리 삶에 어떤 부작용을 낳았을까? 이에 대해서는 이어지는 2장에서 상세히 살펴보겠다.

더 볼거리

● 조지 오웰 『1984』

1949년에 발표된 이후 60여 개국의 언어로 번역되어 전 세계에 출간된 디스토피아 소설 『1984』는 영국 소설가 조지 오웰의 대표작이다. 우울한 1984년의 미래 사회를 그리는 이 소설은 전체주의가 고착된 가상의 국가 오세아니아를 배경으로 한다. 오세아니아를 지배하는 당은 절대권력 '빅브라더'를 창조해 사회를 통제하고 텔레스크린, 사상경찰, 마이크로폰 등 최첨단기술을 활용해 당원들의 사생활을 철저하게 감시한다. 또한 당원들이 비판적으로 사고하는 것을 막기 위해 언어를 개조하고 역사를 날조한다. 당이 내걸고 있는 세 가지 슬로건(전쟁은 평화, 자유는 예속, 무지는 힘)이 부조리하다는 사실을 그 누구도 입밖에 꺼내지 않는다. 왜냐하면 그들은 이미 빅브라더에 맹목적으로 복종하도록 사상이 개조되었기 때문이다.

소설의 주인공인 윈스턴 스미스는 부조리한 현실에 반발심을 느끼고 빅브라더와 당에 저항하기로 결심한다. 그는 당의 감시를 피해 몰래 일기에 '빅브라더를 타도하자'라고 적는다. 윈스턴은 반역 조직에 가입해 빅브라더와 당의 전복을 꾀하지만 함정에 빠져 사상경찰에게 붙잡히고 만다. 지독한 고문을 당하는 과정에서 그는 빅브라더에 충성하는 모범 시민으로 개조된다.

작가는 원래 이 소설의 제목을 '유럽 최후의 인간'으로 하려 했다고 한다. 윈스턴은 인간으로 존재하고자 했지만, 절대권력에 저항하는 개인의 힘은 미미했고 결국 그의 인간성은 파괴되었다. 조지 오웰이 『1984』에서 섬뜩하게 묘사한 전체주의 사회는 오늘날 권위주의적인 국가의 행보와 유사하다. 작가가 작품을 집필하던 1948년에는 미래에 대한 상상에 불과했던 것이, 오늘날에는 충분히 현실 가능성이 있는 일들이 되었다. 정보 기술이 고도로 발달한 21세기 사회에, 70년 전에 발표된 소설이 여전히 회자되는 이유이다.

● 마이클 무어 〈화씨 9/11〉 ───────────

2004년 11월 미국 대통령 선거를 네 달 앞두고 개봉한 마이클 무어 감독의 다큐멘터리 영화 〈화씨 9/11〉은 조지 부시 정권의 민낯을 정면으로 드러내며 화제를 모았다. 영화는 텍사스 석유 재벌 가문의 조지 부시가 어떻게 미국 대통령이 되었는지를 추적하고, 그가 사우디 왕가와 오사마 빈 라덴과 어떤 유착관계를 형성했는지를 집요하게 파고든다. 특히 마이클 무어는 조지 부시 정권이 9.11 테러에 얼마나 미흡하게 대처했는지 신랄하게 비판한다. 예를 들어, 9.11 테러 당시 근거가 불충분한데도 불구하고 이라크를 배후로 지목한 점, 불필요한 전쟁을 일으킨 점, 테러범 소탕을 명분으로 권력을 남용한 점, 시민들의 프라이버시 침해를 정당화하는 '애국자법'을 제정한 점 등을 조목조목 지적하는 데 주저함이 없다. 〈화씨 9/11〉은 대중적이지 않은 다큐멘터리 장르임에도 불구하고 상업적으로 놀라운 성공을 거두었고, 칸 영화제의 황금종려상까지 수상하는 기염을 토해냈다. 마이클 무어는 이 영화에서 노골적으로 조지 부시 행정부의 만행을 드러내며 그의 대통령 재선을 막으려 했다. 그러나 조시 부시는 재선에 성공했고 '테러와의 전쟁' 정책을 유지한 미국은 광대한 감시망을 구축해 전 세계를 감시했다.

미국 정부가 중국 정부와 마찬가지로 인터넷 기술을 활용한 디지털 감시가 체제 유지에 대단히 유용하다는 사실을 깨닫는 데는 그리 오랜 시간이 걸리지 않았다. 그 결과 영화가 개봉한 지 약 10년이 지나 NSA가 인터넷을 통해 전 세계를 감시했다는 사실이 내부 고발자의 폭로에 의해 공론화되었다.

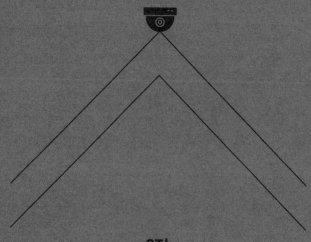

2장

디지털 빅브라더의
횡포

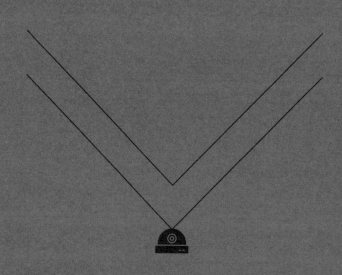

필터 버블,
맞춤형 서비스의 함정

현상에 대해 비판적으로 사고하기 위해서는 먼저 문제를 명징하게 인식하는 과정이 필요하다. 이 장에서는 각종 첨단기술을 활용한 디지털 빅브라더의 횡포를 밝히고 문제의식을 가질 것을 촉구하는 내용을 다룰 것이다.

먼저 필터 버블Filter Bubble에 대해 알아보자. 필터 버블은 『생각 조종자들』의 저자 엘리 프레이저가 제시한 개념으로 인터넷기업이 사용자의 취향과 기호를 파악하여 관심사에 맞는 정보만을 제공함으로써 사용자가 필터로 걸러진 정보를 편식하며 버블, 즉 편향된 정보에 갇히게 되는 현상을 지칭한다. 그는 한때 열린 사고와 다양한 정보로 민주주의에 기여했던 인터넷이 필터 버블을 야기하며 제한된 정보만을 제공하는 것에 우려를 표한다.

필터 버블의 문제는 필터가 눈에 보이지 않는다는 것이다. 각각의 기업이 개발한 알고리즘이 정확히 어떤 기준을 근거로 정보를 선별해 사용자에게 맞춤형 정보를 제공하는지 우리는 결코 알 수 없다. 사용자가 필터를 자각하고 정보를 스스로 선별하는 것과, 교묘하게 은폐된 필터링을 통해 전면에 노출된 기업에 유리한 정보를 수동적으로 받아들이는 것은 전혀 다른 이야기이다. 미처 인식하지 못하는 사이, 우리는 필터 버블에 갇히고 제한적인 정보만을 습득하는 것에 익숙해진다.

필터 버블의 또 다른 문제는 동시대를 사는 타인의 세계를 체험하거나 이에 공감을 느낄 기회가 현저히 적어진다는 것이다. 같은 학교에 다니는 동급생 철수와 민수를 예로 들어보자. 이들은 같은 성별, 같은 나이, 같은 거주 지역이라는 조건을 가졌음에도 불구하고 개인의 관심사에 따라 스마트폰의 작은 화면으로 바라보는 세계가 전혀 다르다.

가령 해외 축구와 게임에 관심 많은 철수의 유튜브에는 손흥민 선수의 축구 경기 하이라이트, 게임 방송에 대한 콘텐츠가 화면에 전면적으로 노출된다. 반면에 고양이를 키우고 인디음악에 관심이 많은 민수의 유튜브에는 각종 고양이 영상과 인디음악 콘서트 실황에 대한 콘텐츠가 반복적으로 노출된다. 철수와 민수가 물리적으로 존재하는 세계가 같을지라도, 개인화 알고리즘에 기반한 '맞춤형 서비스가 표상하는 디지털 세계'는 완전히 다르다. 개인의 관심사라는 측면에서 일말의 접점이 없는 철수와 민수에게는 서로의 세계를 마주치는 것이 허락되지 않는다.

각자의 필터 버블에 갇힌 현대인은 결코 서로를 이해할 기회를 갖지 못한다. 페이스북 창업자 마크 저커버그가 남긴 다음의 말은 필터 버블이 어떻게 거대한 단일 세계를 분해하고, 조각난 부스러기만을 선별적으로 표상하는지 잘 나타낸다. "아프리카에서 죽어가는 사람들보다 여러분 앞마당에서 죽어가는 다람쥐가 지금 당장은 더 관심이 갈지도 모릅니다." 인터넷으로 거대한 단일 지구촌을 건설하겠다던 사이버 유토피안들의 비전은 완벽히 실패했다.

필터 버블에 갇힌 것은 정보의 바다에 위치한 작은 무인도에 고립된 것과 같다. 그것도 망원경이 없는 채로 말이다. 무인도에 고립된 사람은 이곳이 세계의 전부라고 착각한다. 가보지 않은 미지의 영역이 지도에 '아직 모름'으로 표시되는 것과 '존재하지 않음'으로 표시되는 것은 완전히 다른 이야기이다. 필터 버블은 사용자가 익숙하지 않은 정보를 차단함으로써 미지의 영역을 지도에서 깔끔하게 제거해 버린다. 맞춤형 서비스를 이용하는 인터넷 사용자들은 '필터 버블 너머의 세계'를 상상하고 탐험할 기회를 박탈당한다. 상상의 거세는 곧 창의성 저하로 이어지고 몰개성과 획일화를 낳는다.

마지막으로 필터 버블이 유발한 가장 심각한 문제는 정치와 관련이 있다. 만약 당신의 정치 성향이 보수라면, 당신이 유튜브에서 보는 모든 정치 관련 콘텐츠는 보수를 옹호하는 내용일 것이다. 또한 당신이 페이스북에서 관계를 맺고 있는 사람들 중, 진보 성향을 가진 이의 정치적 발언은 피드에 노출되지 않을 것이다. 이는 진보 성향을 가진 사람에게도 마찬가지이다. 그가 보고 듣는 것은 모두 자신과 정치적 성향이 유사한 사람들이 만들어낸 콘텐츠들뿐이다. 이런 식으로 정보를 편향적으로 습득하게 되면, 혐오와 편견은 강화되고 사실은 왜곡되며 건강한 토론이 설 자리가 없어진다. 다원성에 기반한 민주주의가 위태로워지는 것이다. 필터 버블 외에도 인터넷은 민주주의를 심각하게 위협하고 있는 상황인데 디지털 빅브라더는 이에 암묵적으로 동조하고 있다.

디지털 빅브라더가 맞춤형 서비스를 제공하고 필터 버블을 조장하는 이유는 간단하다. 돈이 되니까. 그것도 엄청난 수준으로 말이다. 매년 수십조 원을 벌어들이는 페이스북과 구글의 온라인 광고 매출은 전통적인 방식의 미디어 광고 매출을 넘어선 지 오래이다. 디지털 빅브라더는 우리가 어떤 제품을 사는지, 어떤 광고를 클릭하는지, 어디에 자주 가는지, 누구와 소통하는지, 어떤 취향의 영화를 보는지 등을 집요하게 추적하여 데이터를 수집한다. 이렇게 수집된 고객의 데이터는 매끄럽게 변형되어 광고주에게 비싼 값에 팔리거나, 정부의 감시에 협조하거나, 기업의 개인화 알고리즘 개선 및 맞춤형 서비스 고도화에 활용된다.

디지털 빅브라더가 제공하는 맞춤형 서비스는 분명히 편리하다. 하지만 맞춤형 서비스는 세계가 나를 중심으로 돌아가고 세상에는 나와 같은 생각을 하는 사람이 다수라는 우쭐한 착각에 빠져들게 만든다. 마치 지구가 우주의 중심이라고 믿는 천동설 지지자들처럼 말이다. 맞춤형 서비스의 지나친 배려에 익숙해지다 보면 우리는 우리도 모르는 사이에 필터 버블에 갇히고 조종당하게 된다. 결국 보고 싶은 것만 보고, 듣고 싶은 것만 듣는 '확증편향의 세계'에서 우리는 철저하게 고립된다.

생각을 멈추게 만드는
합법적인 마약

조지 오웰의 『1984』와 더불어 디스토피아 문학의 정수라 불리는 책이 있다. 바로 영국의 소설가 올더스 헉슬리의 『멋진 신세계』이다. 『멋진 신세계』는 자동차 왕 헨리 포드가 T형 자동차를 대량생산한 서기 1908년을 인류의 새 기원으로 삼은 미래 세계를 배경으로 한다. 포드 기원 632년(서기 2540년)이 시대적 배경인 이 소설은 모든 인간이 시험관에서 대량생산되는 사회를 그린다. 이곳에서는 태어날 때부터 계급이 정해져 있어서 정체성 투쟁을 할 필요가 없고, 과학이 고도로 발달하여 질병도 없고 예상 수명도 높아 죽음에 대한 두려움도 없다. 가난도 전쟁도 없는 이 세계에서는 모두가 행복하다.

이 세계를 지배하는 최고 권력자 총통은 사회의 안정을 위해 시민의 개별성과 감정을 제거한다. 『1984』의 빅브라더가 공포로 사람들을 통제한 반면, 『멋진 신세계』의 총통이 선택한 수단은 쾌락이다. 정부는 '소마'라는 마약을 주기적으로 배급해 시민들의 불안을 잠재운다. 시민들은 울적한 기분을 느낄 때마다 소마를 섭취하고 그들의 뇌는 마취된다. 시민들은 부조리한 사회구조에 아무런 분노도 의문도 느끼지 않으며 착취당한다.

오늘날 세계는 『1984』와 『멋진 신세계』에서 묘사한 디스토피아 사회와 점점 닮아가고 있다. 중국을 비롯한 권위주의 국가는 전자에 가까운 반면, 미국을 필두로 한 자유민주주의 진영은 후자에 가깝다. 어느 쪽이든 현대 디스토피아의 중심에는 '친절한 독재자' 디지털 빅브라더가 있다. 특히 디지털 빅브라더가 인터넷과 스마트폰을 통해 제공하는 갖가지 흥미로운 서비스들은 시민들의 뇌를 마취에 빠지게 하는 소마와 비슷하다. 누구나 (심지어 어린아이까지) 쉽게 합법적으로 접근할 수 있다는 점에서도 인터넷과 스마트폰이 소마와 유사하다고 생각한다. 인터넷과 스마트폰은 합법적인 마약이나 다름없다.

2010년 출간된 『생각하지 않는 사람들』의 저자 니콜라스 카도 자신의 책에서 자신의 뇌가 마비되는 것 같은 경험을 한 적이 있음을 고백한다. "나의 뇌는 굶주려 있었다. 뇌는 인터넷이 제공하는 방식으로 정보가 제공되기를 바랐고, 더 많은 정보가 주어질수록 더 허기를 느끼게 된 것이다. 나는 컴퓨터를 사용하지 않을 때조차도 이메일을 확인하고, 링크를 클릭하고, 구글에서 무언가를 검색하고 싶어했다. 나는 누군가와 연결되고 싶었다. 마이크로소프트 워드는 내게 살과 피와 같은 워드프로세서가 되었고 인터넷은 나를 초고속 데이터 처리 기기 같은 물건으로 바꾸어 놓았다. 나는 마치 인간의 모습을 한 할HAL(영화 〈2001 스페이스 오디세이〉에 등장하는 슈퍼 컴퓨터)처럼 변해가고 있었다. 나는 이전의 뇌를 잃어버린 것이다."

아마 이 글을 읽는 대다수가 니콜라스 카의 이야기에 공감할 것이다. 10년도 전에 출간된 책이지만 우리는 그가 제기한 문제를 아직 해결하지 못했다. 우리는 여전히 별다른 목적 없이 스마트폰을 들여다보고, 인터넷에 연결되어 있지 않으면 불안해한다. 일을 하거나 사람을 만날 때, 심지어 걷거나 운전을 하는 중에도 스마트폰을 들여다본다. 무엇이 되었든 검색하고 싶고, 메시지를 확인하고 싶어 한다. 연예 뉴스를 찾아보고 싶고, 내 피드에 '좋아요'가 몇 개나 달렸는지 확인하고 싶어 한다. 실제로 미국 리서치 기관 디스카우트의 조사에 따르면, 현대인은 하루 평균 2,617번 스마트폰을 만진다고 한다. 문제는 이러한 중독 증세가 연령대가 낮아질수록 더욱 심각하다는 점이다. 과학기술정보통신부가 2021년 3월에 발표한 '스마트폰 과의존 실태조사'에 따르면, 우리나라 청소년 3명 중 1명은 스마트폰 중독(과의존)이다. 스마트폰 중독 증세는 어린 연령대를 중심으로 매년 심화되고 있다.

인터넷과 스마트폰에 대한 편집증적인 집착이 과연 단순한 우연일까? 아니다. 이것은 디지털 빅브라더가 의도한 중독이다. 그들은 우리의 관심을 끌고 중독시키기 위해 심혈을 기울인다. 스마트폰은 쉴 새 없이 지껄인다. "날씨를 확인해 보는 거 어때?", "뉴스 알람 설정이 필요하지 않니?", "방금 네 친구가 너를 그룹에 초대했어. 확인해 봐!" 등등. 그들의 목표는 단순하다. 관심 끌기, 신규 사용자 유입, 친구 초대, 서비스 사용 시간 늘리기 등을 통해 네트워크의 크기를 키우고 황금알을 낳는 시스템을 구축하는 것이다. 우리 뇌에 도파민 분비를 자극해 그들의 제품과 서비스에 중독시킨 대가로 말이다. 담배 회사나 마약 중개인과 다를 바가 없다.

디지털 빅브라더는 암시적인 장치를 통해 우리의 뇌에 그들이 원하는 특정 습관을 심는다. 우리가 무의식적으로 빨간 알람에 반응하거나, 스크롤을 내리거나, 다음 동영상을 시청하거나, 게시글을 클릭하고 검색해 보는 모든 행위는 디지털 빅브라더가 의도한 결과이다. 우리가 인지하지 못하는 사이에, 디지털 빅브라더에 고용된 수천수만 명의 컴퓨터 프로그래머가 우리를 대상으로 작은 실험을 진행한다. 특정한 콘텐츠에 어떤 반응을 보이는지, 어느 광고를 클릭하는지, 어떤 방식으로 알림을 보내야 더 오래 스마트폰을 들여다보는지 등을 연구하기 위해서 말이다. 우리는 실험실의 쥐이다.

인터넷과 스마트폰의 중독성에 대해 넷플릭스만큼 잘 이해하고 있는 기업은 지구상에 그리 많지 않다. 넷플릭스는 '빈지 와칭binge watching(폭식을 뜻하는 binge와 시청을 뜻하는 watching의 합성어로 드라마, 영화 등을 몰아서 보는 것을 뜻함)'이라는 단어를 만들어냈을 정도로 중독에 탁월한 능력을 발휘한 기업이다. 넷플릭스는 무수히 많은 맞춤형 콘텐츠로 우리의 관심을 유도해 지상파나 케이블 방송을 끊고 넷플릭스를 구독하게 만드는 데 성공했다. 수십 개의 에피소드로 구성된 넷플릭스 드라마의 시즌 하나를 '정주행'하면, 또 다른 재미있는 드라마가 추천되거나 다음 시즌이 자동으로 재생된다. 우리가 빈지 와칭을 하는 동안 넷플릭스의 알고리즘은 우리의 취향을 분석하고 구독을 끊지 못하도록 더욱 재밌고 중독성 있는 콘텐츠로 유혹한다. 넷플릭스 창업자 리드 헤이스팅스는 말한다. "넷플릭스의 경쟁자는 인간의 수면 시간입니다." 이 말이 오싹하게 들리지 않는다면 당신은 이미 넷플릭스에 중독된 것이다.

한 개인이 인터넷 또는 스마트폰 중독의 심각성을 인지해 엄청난 자제력을 발휘한다 하더라도 디지털 빅브라더의 유혹을 완전히 외면하기는 어렵다. 왜냐하면 이것은 애초에 불공정한 게임이기 때문이다. 우리는 1만 년 전 호모사피엔스 조상과 본질적으로 크게 다르지 않다. 우리의 몸과 뇌가 과거에 비해 별로 진화하지 않았다는 말이다. 반면에 컴퓨터는 꾸준히 발전하고 있다. 컴퓨터 반도체의 집적회로 성능이 2년마다 두 배씩 증가한다는 '무어의 법칙'을 보면 인간의 뇌와 비교해 컴퓨터가 얼마나 빠르게 진화하는지를 알 수 있다.

또한 인공지능AI 알고리즘은 빅데이터를 빨아들이며 기하급수적으로 자가발전하고 있다. 한 인간의 뇌('인터넷과 스마트폰 사용을 줄여야지!')가 그와 다른 목적('사용자의 관심을 끌고 회사의 서비스에 중독시켜서 돈을 벌어야지!')을 가진 컴퓨터 프로그래머와 경쟁해서 과연 이길 수 있을까? 이에 대해 나는 무척 회의적이다.

그나마 고무적인 점은 이러한 사태의 심각성을 우려한 내부 고발자들이 심심치 않게 등장하고 있다는 것이다. 페이스북의 부사장을 역임했던 차마트 팔리하피티야는 페이스북을 "도파민에 의해 작동하는 단기 피드백 순환 고리"라고 정의하며, SNS가 마약과 본질적으로 다르지 않다는 사실에 엄청난 죄책감을 느낀다고 고백했다. 또한 구글의 제품 매니저였던 트리스탄 해리스 역시 구글이 인간의 시선을 탈취하고 자신들의 서비스에 묶어두기 위해 더욱 중독적인 알고리즘을 개발할 것이라고 경고했다.

나는 비록 인터넷기업들이 디지털 빅브라더로 변질되긴 했으나 기업의 의사결정에 주요한 영향력을 행사하는 고

위 간부 개개인이 엄청난 악당이라고 생각하지 않는다. 오히려 그들은 대체로 선한 기업가정신을 가진 훌륭한 위인들이다. 그러나 큰 힘에는 큰 책임이 따르는 법이다. 그들의 문제는 동전의 양면과도 같은 기술에 대해 긍정성은 지나치게 과대평가하고, 부정성이 미칠 악영향은 거의 고려하지 않았다는 것이다. 오늘날 그들은 통제하기 어려운 인조인간을 창조해 세상을 혼란에 빠뜨린 프랑켄슈타인 박사와 비슷한 심경일 것이다.

인터넷과 스마트폰 중독의 가장 큰 문제점은 우리의 뇌 회로가 수동적으로 변하고, 단기적이고 말초적인 자극에만 조건반사적으로 반응하는 형태로 변한다는 점이다. 쉽게 말해 바보가 된다는 뜻이다. 미래학자 존 나이스비트는 "우리는 정보의 홍수 속에서 허우적거리고 있지만, 여전히 지식의 갈증을 느낀다"라고 말했는데, 내가 볼 때 그는 반은 맞고 반은 틀렸다. 많은 사람이 '정보의 과잉'이라는 새로운 형태의 재앙에 고통받고 있는 것은 맞지만, 진정한 지식에 대해서는 갈증조차 느끼지 않고 있다. 단지 디지털 빅브라더가 선별적으로 제공하는 정보만을 취하며 '그것은 그렇다'는 단편적인 가르침에 만족할 뿐이다. 마치 주인이 먹여

주는 여물을 먹고 눈을 껌뻑거리는 동물 농장 속 가축들처럼 말이다.

정보에 대한 접근성은 그 어느 때보다 높아졌지만, 지식을 얻기는 그 어느 때보다 어려워졌다. 유익한 지식을 제공하지만 다소 지루한 교육용 콘텐츠는 재미있고 자극적인 오락용 콘텐츠보다 클릭 수와 공유 횟수가 압도적으로 적어 정보의 바다에서 침전된다. 왜냐하면 알고리즘은 기업의 수익 극대화를 위해 오락용 콘텐츠를 전면에 노출하는 경향이 있기 때문이다. 조용하고 잘 숙성된 지식은 시끄럽고 휘발적인 정보에 묻혀 퇴적되고 악화가 양화를 구축하는 악순환은 반복된다.

21세기 정보혁명을 이끈 인터넷과 스마트폰이 모두를 바보로 만들었다는 결론은 성급한 것일 수 있다. 그러나 인터넷과 스마트폰이 마약처럼 중독성 있고, 우리의 뇌 구조를 바꾸어 행동과 사고방식에 유의미한 영향을 미치고 있다는 결론은 타당하다. 게다가 인터넷과 스마트폰 때문에 우리가 깊이 있는 긴 글을 읽거나 사유하는 것이 갈수록 어려워지고, 우리의 사고능력이 저하되고 있다는 점 또한 부인하기 어려워 보인다. 우리는 여전히 지혜로운 사람, 호모사피엔스인가? 디지털 빅브라더의 횡포가 지속되는 한, 나는 우리 종에 대한 재정의가 필요한 시점이 머지않았다는 생각이 든다.

인스타그래머블한
모두의 '트루먼 쇼'

〈트루먼 쇼〉는 평범한 남성 트루먼의 삶을 리얼리티 프로그램으로 방송하면서 생기는 해프닝을 다룬 영화다. 5,000대의 카메라가 트루먼의 일상을 24시간 감시하고 220개국 17억 명의 시청자들이 트루먼의 삶을 시청한다. 영화 속 '트루먼 쇼'와 여타 리얼리티 프로그램의 차이점이 있다면, 주인공 트루먼이 자신의 삶이 실시간으로 생중계되고 있다는 사실을 모른다는 점이다. 인생 자체가 몰래카메라나 다름없는 수준이다. 소꿉친구, 회사 동료, 길거리의 행인들, 그리고 심지어 아내까지. 트루먼의 주변 인물들은 모두 '트루먼 쇼'를 위해 고용된 연기자들이다. 트루먼의 일상은 쇼를 후원하는 기업들의 광고로 가득 차 있다. 우연한 계기로 자신을 둘러싼 모든 것이 가짜라는 것을 깨달은 트루먼. 충격에 빠진 그는 자유를 찾아 거대한 세트장을 탈출하기로 결심한다.

일찍이 셰익스피어는 우리의 삶이 이와 별반 다르지 않다는 것을 알고 있었다. 셰익스피어의 5대 희극 중 하나인 「뜻대로 하세요」에는 다음 대사가 나온다. "세계는 하나의 무대요, 모든 남자와 여자는 단지 배우에 불과합니다. 그들은 등장했다가 시간이 지나면 퇴장하지요." 우리는 삶이라는 각본을 연기하는 배우이자 타인의 연기를 지켜보는 관객이다. 때로는 한 사람이 여러 명의 역할을 소화하기도 한다. 문명사회는 무대다. 사회화는 무대 위 배우가 숙지해야 할 규칙이다. 사회화의 규칙을 준수하지 않는 것은 배우가 관객을 모독하는 행위로 간주된다.

21세기에 발생한 주목할 만한 변화는 페이스북, 인스타그램, 유튜브 같은 SNS가 대중화되면서 쇼의 무대가 오프라인에서 온라인으로 넘어가고 있다는 점이다. 인터넷이라는 가상세계에서 쇼의 연출성은 더욱 극대화된다. 우리는 SNS에 온라인 자아를 만들고 이를 가꾸는 일에 여념이 없다. 매끄러운 보정 필터가 적용된 셀카, 사랑스러운 반려동물 사진, 이지적인 영화 취향, 힙한 곳만 방문한 그날의 동선, 연애 여부 등이 SNS에 낱낱이 기록되고 공개된다. 스스로 기획하고 생산한 콘텐츠를 업로드하고 타인의 평가에 신경 쓴다는 점을 보면 SNS 쇼에서 우리의 처지는 배우보다는 감독에 가까운 듯하다.

연출된 SNS 쇼는 반드시 희극이어야만 한다. '좋아요'의 규칙이 지배하는 SNS 무대에서는 비극이 허락되지 않기 때문이다. 실제로 시험 합격, 취업, 낭만적인 데이트, 결혼, 출산 등처럼 기쁘고 부러움을 살 만한 콘텐츠를 SNS에 업로드하는 사람은 많다. 반면에 시험 불합격, 해고, 연인의 외도, 이혼, 유산 등과 같은 슬픈 내용의 콘텐츠는 찾아보기 쉽지 않다. 우리의 삶은 적당한 기쁨과 슬픔으로 알맞게 버무려져 있다. 그러나 긍정 필터가 탑재된 SNS에서는 삶의 기쁨만을 편향적으로 노출하고 현실을 왜곡한다. 그 결과, 적지 않은 사람이 현실과 괴리가 있는 SNS 쇼에 질려 우울증을 호소하고 있다.

SNS 사용자들이 오프라인 일상에서 벌어진 일을 그대로 온라인 자아에 반영한다는 생각은 착각이다. 오히려 우리는 온라인 자아를 위해 오프라인 삶을 기획하고 조작한다.

현실과 가상의 주객이 전도된 것이다. 예를 들어 어떤 이에게는 전시회에 가서 작품을 관람하는 일보다 그럴듯한 인증샷을 찍는 것이 더욱 중요한 일일 수 있다. 그가 전시회에 간 주요 동기가 인스타그램에 고상한 취미를 드러냄으로써 온라인 자아에 멋진 이미지를 부여하는 것이라면 말이다. 이때 그는 인스타그램에 존재하는 온라인 자아를 위해 실재의 삶을 '인스타그래머블Instagramable'하게 연출한다. 인스타그램이라는 사각의 매트릭스에서 상영되는 모두의 '트루먼 쇼'. 오늘날 이 쇼는 점점 인스타그래머블한 방식으로 획일화되고 있는 양상이다.

팔로워와 좋아요는 단순한 온라인 인기 지표가 아니다. 이들은 인터넷 가상세계의 계급을 구분하는 표식이자 '관심 자본'이다. 그리고 팔로워와 좋아요는 점점 현실 사회의 계급 및 경제력에도 유의미한 영향을 미치고 있다. '인플루언서'가 대표적인 예이다. 다수의 팔로워를 보유하고, 좋아요를 많이 획득하는 인플루언서는 일종의 신흥 귀족이라할 수 있다. 현실에서는 별 볼 일 없던 사람이 SNS에서 일약 스타가 되어 계급 상승을 실현한 경우가 결코 적지 않다. 현대사회에서 인플루언서들은 자신의 명성을 바탕으로 상당한 경제적 수입을 올리거나 정치적 영향력을 행사할 수 있게 되었다. 요즘 어린아이들의 장래희망이 유튜버이고, 한 나라의 대통령이었던 이가 정무보다는 트위터 계정 관리에 신경을 썼던 현 세태는 전혀 놀랍지 않다. 인플루언서들은 이제 가상세계뿐 아니라 현실 사회에서도 상류층 대접을 받는다. 그들이 지위를 유지하기 위해서 쇼는 반드시 계속되어야 한다.

과거의 감시는 공포와 처벌에 기반한 것이었다. 그러나 오늘날 모두가 자발적으로 '트루먼 쇼'를 찍고 있는 상황에서 감시는 더 이상 유별난 것이 아니다. 오히려 감시는 장려되고 일상적인 것이 되어버렸다. 지금 이 순간에도 수십억 명의 트루먼들이 디지털 빅브라더가 제공한 세트장에서 자기만의 희극을 찍고 있다. 이 모든 일련의 행위가 자신의 자유의지에 기반한 것이라고 착각하면서 말이다.

〈트루먼 쇼〉에서 트루먼은 자기의 삶이 조작되고 전시되고 있다는 사실을 깨닫자 태어나서 한 번도 벗어난 적 없던 자신의 섬, 즉 세트장을 벗어나기 위해 바다로 향한다. 거센 바람과 파도를 일으키며 탈출을 방해하는 제작진에게 맞서 트루먼은 외친다. "날 막으려거든 차라리 죽여!" 그는 신의

권능을 가진 쇼의 감독에 대적하고 마침내 자유를 쟁취한
다. 나는 트루먼이 대부분의 현대인들보다 훨씬 행복한 시
시포스일 것이라는 사실을 믿어 의심치 않는다.

어떻게 인터넷은
민주주의를 위협하는가

'인터넷은 민주주의에 약인가, 독인가?' 이에 대해서는 상당한 논란의 소지가 있다. 수십 년 전, 인터넷 발전 초기까지만 해도 대부분의 사람들은 이에 대해 낙관적이었다. 만리방화벽을 설치해 인터넷을 인트라넷으로 개조한 중국처럼 특이한 경우를 제외하고는 말이다. 인터넷은 정보의 대중화를 이끌었고 소수 세력이 정보를 독점하는 것을 방지하는 데 성공했다. 한때는 정부나 기업에 결탁한 소수의 언론사가 여론을 좌지우지하던 때가 있었는데 인터넷이 발전함에 따라 이러한 언론 독재는 불가능해졌다.

반면 오늘날에는 인터넷이 민주주의에 부정적인 영향을 미치고 있다는 의견이 많아지는 추세이다. 나 역시 인터넷이 본래의 목적에서 변질되어 민주주의를 위협하고 있다고 생각하는 편이다. 인터넷이 민주주의를 일방적으로 훼손하고 있다는 뜻은 아니다. 다만 인터넷이 민주주의에 미치는 역기능이 순기능을 능가할 수 있다는 점이 우려될 뿐이다. 이에 대해 구체적으로 논하기에 앞서, 독자들에게 몇 가지 사례를 소개하고 싶다.

우선 '아랍의 봄'을 살펴보자. 2010년부터 2012년 사이에 발생한 아랍의 봄은 권위주의 정부에 대항해 아랍·중동 국가의 시민들이 일으킨 민주화 혁명을 뜻한다. 2010년 튀니지에서 시작된 재스민혁명은 아랍의 봄의 출발점이 되었다. 인상적인 점은 혁명의 불씨가 퍼져나가는 데 SNS가 주요한 역할을 했다는 것이다. 혁명의 시발점이 된 청년의 분신자살, 시위대와 경찰의 출동 장면 등 반정부 시위대가 만든 콘텐츠가 들불처럼 SNS에 번져나갔고 이에 분노한 시민들이 권위주의 정부에 맞서 승리했다. SNS가 아랍의 봄과 민주화에 촉매제 역할을 한 것이다.

반면 페이스북-케임브리지 애널리티카 스캔들은 아랍의 봄과는 전개 양상이 완전히 다르다. 영국 데이터 컨설팅 기업 케임브리지 애널리티카는 2016년 미국 대선을 앞두고 공화당 후보 도널드 트럼프 캠프에 고용되었다. 케임브리지 애널리티카는 페이스북 사용자 8700만 명의 개인정보를 빼돌려 이를 바탕으로 정교한 타깃 광고를 수행했다. 데이터로 파악한 중도정치 성향의 사람들을 대상으로 트럼프에게 유리한 콘텐츠를 반복적으로 노출한 것이다. 게다가 케임브리지 애널리티카는 트럼프의 정적인 민주당 후보 힐러리 클린턴을 근거 없이 비방하는 내용의 네거티브 콘텐츠도 전략적으로 노출했다. 결과는 데이터의 승리였다. 많은 사람의 예상을 깨고 트럼프가 힐러리를 선거에서 이긴 것이다. 나중에 알려진 사실이지만, 케임브리지 애널리티카의 임원들은 자신들이 트럼프를 미국 대통령으로 만들었다며 자랑스러워했다고 한다. 참고로 케임브리지 애널리티카는 2016년 브렉시트 여론전에도 관여해 브렉시트 찬성이라는 결과를 이끌어내는 데 기여했다. 일개 기업이 SNS를 활용해 선거에 영향을 미치고 한 국가, 더 나아가 세계의 명운을 바꾼 것이다.

한편 2017년에는 미얀마에서 야만적인 인종청소가 발생했다. 불교를 믿는 미얀마 정부와 군대는 이슬람교를 믿는 소수민족 로힝야족을 대량학살했다. 참고로 미얀마 시민들이 뉴스를 소비하는 가장 대중적인 매체는 페이스북이다. 따라서 미얀마 군부가 로힝야족 탄압의 정당성을 확보하기 위해 페이스북을 증오와 선동의 매개체로 활용한 것은 전혀 놀라운 일이 아니다. 로힝야족을 악마로 묘사하는 가짜뉴스와 혐오 콘텐츠가 미얀마 페이스북을 뒤덮었다. 유엔 진상조사위원회는 페이스북이 혐오를 부추겨 사태를 악화시켰다고 지적했다. 추후 페이스북은 미얀마 로힝야족 사태의 문제를 인정하고 미얀마 군부 계정을 삭제했지만 이는 소 잃고 외양간 고치는 격이었다. 이때는 이미 6,700여 명의 로힝야족이 학살당하고, 75만 명이 고된 피난길에 오른 후였다.

2010~2012년 아랍의 봄, 2016년 페이스북-케임브리지 애널리티카 스캔들 그리고 2017년 미얀마 정부의 로힝야족 탄압까지. 사건이 발생한 시기와 사건별 양상을 주목해보자. 10년 전 아랍의 봄이 일어났을 때 인터넷을 정치적으로 활용한 주체는 시민들이었다. 시민들은 인터넷을 투쟁의 도구로 이용했고 권력을 가진 자들은 민간에 정보가 확산되는 것을 두려워했다. 인터넷은 민주주의의 승리에 기여했다. 그러나 최근 발생한 사건들은 상황이 다르다. 권력

을 가진 자들이 오히려 인터넷을 교묘하게 활용해 시민들을 조종하고 부조리한 만행을 저질렀다. 페이스북 같은 기업들은 사태를 방관했고 책임을 회피하기에 급급했다. 인터넷은 '괴벨스의 입'으로 불리던 라디오처럼 선전 수단으로 변질되어 민주주의를 훼손하고 있다.

인터넷이 정치 분야에 유의미한 영향을 미치게 된 것은 비교적 얼마 되지 않은 일이다. 정치인이 온라인에서 유세 활동을 하고, 정부 기관이나 정치단체가 SNS 계정을 운영하게 된 것은 불과 수년밖에 되지 않았다. 인터넷이 정치에 영향을 미친 역사가 짧은 만큼 우리에게도 검증의 시간이 필요하다. 아쉽게도 그동안에는 인터넷이 민주주의에 미치는 영향에 대한 사회적 담론이 신속하게 형성되지 못했다. 그 결과, 인터넷은 바람직하지 않은 방식으로 남용되어 민주주의를 위협하기 시작했다.

미래는 어떨까? 앞으로 인터넷이 항상 민주주의에 악영향을 미치는 쪽으로만 활용되지는 않을 것이다. 어디선가 아랍의 봄 같은 사태가 재현되고 인터넷이 민주주의의 승리에 또 한 번 기여할지도 모를 일이다. 그러나 인터넷이 여론조작, 가짜뉴스, 선동, 혐오, 학살, 더 나아가 전쟁에 활용될 가능성을 과소평가해서는 안 된다. 인터넷을 정치적으로 이용하는 주체가 평범한 시민에서 이제는 정치인, 기업, 정부로 확대되었고 이용 수법 또한 점점 고도화되었다는 점에 주목하자. 오늘날 인터넷이 정치적으로 활용되는 상황에서 개인은 온라인으로 단순한 정치적 의사 표현만을 하는 수준이다(특출난 온라인 혁명가는 예외로 하자). 그러나 정치인, 기업, 정부는 인터넷을 활용해 평범한 개인보다 훨씬 대담한 정치적 성과를 거둘 힘이 있다. 역사적으로 봤을 때, 민주주의를 전진시킨 것은 민중의 힘이었다. 그러나 오늘날 인터넷을 좌지우지할 수 있는 힘이 민중이 아니라 권력을 가진 자들에게 있는 한, 인터넷은 민주주의의 발전보다는 퇴보에 활용될 가능성이 크다는 것이 내 생각이다.

기술은 중립적이지만 이를 활용하는 사람은 그렇지 않다. 다이너마이트를 건축에 사용하는 이도, 전쟁에서 사용하는 이도 모두 사람이었다. 마찬가지로 인터넷을 어떻게 활용할지를 결정짓는 주체도 사람이다. 모든 사람에게 선의를 기대하기는 어렵다. 누군가는 분명 자신의 이익을 위해 딥 페이크, 필터 버블, 타깃 광고와 같은 기법을 활용해 민주주의에 흠집을 내려 할 것이다. 그 결과, 우리는 선거

조작, 대량학살과 같은 부조리한 일이 다시금 발생하는 것을 목도해야 할 수도 있다. 이러한 위험에 대해 디지털 빅브라더가 무책임하게 방관하는 한, 앞으로 민주주의는 반복적으로 훼손될 위기에 처할 가능성이 높다.

포켓몬고 열풍이 시사하는
감시 자본주의의 미래

'포켓몬고Pocketmon Go'라는 게임이 전 세계적으로 대단한 인기를 끈 적이 있었다. 포켓몬고는 구글의 스타트업으로 시작해 분사한 증강현실AR 콘텐츠 개발사 나이언틱이 개발한 게임으로, 사용자는 스마트폰에 표시된 지도를 보며 이따금씩 등장하는 포켓몬을 포획하고 키울 수 있다. 게임의 인기가 어찌나 높았던지, 우리나라에서 정식으로 출시되기 전에 강원도 속초 등 일부 지역에서 게임이 가능하다는 사실이 알려지자 속초행 버스표가 매진될 정도였다. 포켓몬이 출몰하는 지역에 사람이 몰리면서 아예 포켓몬고 여행 상품을 출시하는 여행사까지 생겨났고, 지역사회와 기업들도 앞다투어 포켓몬고를 마케팅에 활용했다. 포켓몬이 자주 출몰하는 명소라고 홍보를 하거나 나이언틱에 직접 광고비를 지불하여 포켓몬을 출현하게 함으로써 사람들을 유인하는 식으로 말이다. 사람들은 포켓몬을 찾아 상점으로, 운동장으로, 공원으로 몰려갔다. 심지어 희귀한 포켓몬을 잡기 위해 위험한 장소에서 무리를 하다가 사망한 사람도 있을 정도였다.

포켓몬고 열풍을 단순히 게임 이용자들의 광적인 행동으로만 본다면 아직 디지털 빅브라더의 횡포를 충분히 이해하지 못한 것이다. 포켓몬고의 개발사 나이언틱은 게임을 통해 사용자의 현재 위치, 이전 위치, 이동경로, 현재 바라보고 있는 것, 과거에 바라보았던 것 등의 사용자 정보를 수집할 수 있다. 나이언틱은 이 정보들을 활용해 얼마든지 사용자를 물리적으로 조종할 수 있다. 예를 들어 광고비를 받고 맥도날드에 희귀한 포켓몬을 출현시킴으로써 사람들이 맥도날드에 방문하도록 유도할 수 있다. 단순히 광고를 보게 하거나 특정 콘텐츠를 클릭하도록 유인하는 것을 뛰어넘어, 오프라인에서도 사용자들이 특정한 방식으로 행동하게끔 영향을 줄 수 있다는 말이다.

여전히 포켓몬고에 대해 별다른 문제의식이 느껴지지

않는다면 『감시 자본주의 시대』를 읽어보길 바란다. 이 책의 저자 쇼샤나 주보프 하버드대학교 경영대학 명예교수는 21세기 인터넷기업들의 사업 모델이 단순히 새로운 광고 수익모델이 아니라, 새로운 형태의 자본주의의 출현이라고 주장한다. 감시 자본주의란 사용자의 서비스 이용 내역을 감시해 데이터를 추출하고 변환하고 활용해, 사용자의 행동을 예측하고 수정하는 방식으로 경제적 가치를 생산하는 메커니즘을 뜻한다. 쇼샤나 주보프 교수는 산업 자본주의가 자연을 훼손했듯이 감시 자본주의가 인간의 본성에 악영향을 미칠 수 있다고 우려한다.

감시 자본주의에서 중요한 개념은 '행동 잉여behavioral surplus'와 '행동 수정behavioral modification'이다. 행동 잉여는 서비스를 제공하는 기업이 서비스 개선 외의 목적으로 수집하는 부수적인 데이터를 뜻한다. 사용자 위치, 나이, 직업, 라이프스타일, 취미 등에 대한 데이터가 행동 잉여에 포함되고 기업은 이를 활용해 이윤을 극대화한다. 행동 수정은 기업이 사용자의 데이터를 수집하고 분석하는 것뿐만 아니라, 데이터를 활용해 사용자의 행동을 예측하고, 여기에서 더 나아가 사용자의 행동을 특정한 방식으로 유도하는 것을 뜻한다. 푸시 알림을 보내 사용자의 친구가 SNS에 업로드한 콘텐츠를 보게 하거나, 광고비를 지불한 상점에 포켓몬을 배치해 사용자를 유인하는 것 등이 행동 수정의 대표적인 사례이다.

쇼샤나 주보프 교수에 따르면, 감시 자본주의의 원조는 구글이다. 2000년대 닷컴버블이 터지자, 구글의 사업 모델에 의구심을 품은 투자자들은 경영진을 압박하기 시작했다. 당시 야후에 비해 규모가 작은 스타트업이었던 구글은 주주들의 요구에 부응하기 위해 재빨리 맞춤형 광고라는 사업 모델을 고안해 냈다. 사용자의 행동 데이터를 활용해 그가 흥미를 가질 만한 상품을 노출하는 맞춤형 광고는 오늘날에는 대단히 보편화된 방식이지만 과거에는 그렇지 않았다. 구글의 경영진은 검색 데이터로 사용자를 매 순간 감시하고 그들의 행동을 예측해서 선별적인 정보를 제공하면 떼돈을 벌 수 있다는 사실을 남들보다 먼저 깨달았다. 이것은 마치 헨리 포드가 정육점에서 작업자들이 조직적으로 소를 분해하는 모습을 보고 대량생산 컨베이어시스템을 고안해 낸 것과 같은 유레카의 순간이었다.

구글의 아찔한 성공과 우아한 사업 모델을 지켜본 인터

넷기업들은 너도나도 감시 자본주의를 시스템에 적용하기 시작했다. 9.11 테러 이후 도래한 감시사회는 인터넷기업들이 감시 자본주의를 실현하기에 더할 나위 없이 좋은 환경이었다. 구글이 개척한 감시 자본주의는 금세 인터넷 사업의 표준이 되었고 유사한 부류의 독점기업을 낳았다. 예를 들어 페이스북은 구글에서 글로벌 온라인 판매 및 운영 부회장을 역임하고 있던 셰릴 샌드버그(그녀는 오늘날 마크 저커버그 다음가는 페이스북의 2인자이다)를 영입하고 비슷한 수법으로 사세를 확장해 구글과 자웅을 겨루는 디지털 빅브라더로 거듭났다.

감시 자본가들에게 사용자의 프라이버시 보호를 요구하는 것은, 마치 헨리 포드에게 T형 자동차를 컨베이어벨트를 이용하지 않고 손수 제작해 달라고 요청하는 것과 같다. 감시로 추출한 사용자 데이터는 감시 자본가들의 지갑을 채워주는 이윤의 원천이다. 우리는 그들의 고객이 아니라 노동자이자 상품이요, 원재료에 불과하다. 스마트폰, 스마트스피커, 스마트워치, 스마트홈, 스마트카, 스마트칫솔까지! 미세한 센서가 부착된 온갖 부류의 스마트기기들이 우리의 일거수일투족을 감시하고 추출해 낸 데이터를 중앙 서버에 전송한다. 대부분의 사람들은 불분명하고 난해한 말로 쓰인 약관에 무심코 동의함으로써 이러한 사실조차 깨닫지 못한다.

포켓몬고 열풍은 감시 자본가들에게 새로운 영감을 불어넣었다. 일상을 재미있는 게임처럼 만들어버림으로써 사용자를 온라인에서뿐만 아니라 오프라인에서도 감시하고 물리적으로 조종할 수 있다는 사실이 증명된 것이다. 게다가 조종당하는 대상이 무척 유쾌한 심정으로 기꺼이 게임에 참여하며 데이터를 제공한다는 사실 또한 증명되었다. 오늘날 구글, 아마존, 마이크로소프트, 페이스북, 애플 등과 같은 디지털 빅브라더들은 공통적으로 게임 사업을 키우고 있다. 이것을 단순한 우연의 일치로 볼 수 있을까? 감시 자본주의의 미래는 우리를 특정한 방향으로 이끄는 행동 수정이 교묘하게 가미된, 전체주의적인 게임의 일상화가 될 가능성이 높다고 나는 생각한다.

더 볼거리

● 니콜라스 카 『생각하지 않는 사람들』 ─────────

'인터넷이 우리의 뇌 구조를 근본적으로 바꾸고 있다'고 주장하는 『생각하지 않는 사람들』은 IT 미래학자 니콜라스 카가 디지털 시대에 던지는 경고를 담은 책이다.

니콜라스 카는 이 책에서 문자의 탄생, 독서, 인쇄술을 거쳐 오늘날 인터넷에 이르기까지의 역사를 조망한다. 그는 인터넷과 스마트폰 같은 디지털기기가 인류가 사고하는 방식에 어떤 부작용을 미쳤는지를 뇌과학적인 측면에서 낱낱이 밝힌다. 기억력이 감퇴하거나 긴 글을 집중해서 읽지 못하는 것, 고요하게 사색하는 대신 자꾸만 스마트폰을 들여다보게 되는 것 등이 이런 예이다. 니콜라스 카는 과연 스마트폰이 정말로 우리를 '스마트'하게 만들었는지에 대해 진지한 문제의식을 제기한다. 그는 인류가 인터넷이 주는 풍요로움을 즐기는 동안 '생각하는 능력'을 잃어가고 있음을 지적한다.

디지털 빅브라더들은 우리가 자신들의 서비스를 더 오래, 더 많이 사용하도록 우리의 사고방식을 조종하고 있다. 그 위험성을 알기 때문일까? 디지털 전환의 선봉에 섰던 스티브 잡스와 빌 게이츠가 자녀들의 스마트기기 사용을 엄격하게 통제했다는 사실은 역설적이다. 매일 인터넷과 스마트폰을 사용하는 독자들은 이 책에 공감하면서도 한편으로는 불편한 기분을 느낄 것이다.

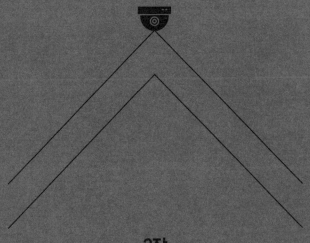

3장

감시와 통제를 돕는
첨단기술들

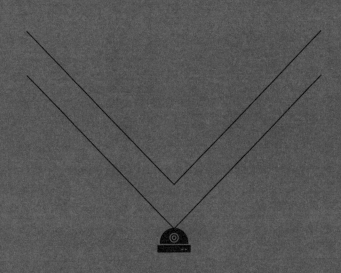

블록체인과
현금 없는 사회

이번 장에서는 디지털 빅브라더의 진화를 돕는 최첨단 감시 기술을 소개하려 한다. 블록체인, 바이오테크, 사물인터넷, 인공위성, 안면 인식 기술 등. 일반인은 이해하기 어려운 최첨단기술이 어떻게 디지털 빅브라더에 더 큰 감시 권한을 부여하고 우리를 초감시사회로 인도하고 있는지를 알아보겠다. 사실 이번 장에서 소개할 기술이 완전히 새로운 것들은 아니다. 지난 수십 년간 지속적으로 발전해 온 기술들인데, 코로나19 팬데믹으로 디지털 기술 도입의 필요성이 높아지면서 발전의 속도가 몇 배나 빨라졌다.

먼저 블록체인에 대해 알아보자. 블록체인은 누구나 열람할 수 있는 디지털 장부에 거래 내역을 투명하게 기록하고, 이 장부를 중앙집중형 서버에 보관하지 않고 거래에 참여하는 개개인의 서버(노드)에 나누어 보관하는 분산형 데이터 저장 기술이다. 블록체인 네트워크의 참여자는 중앙의 단일 주체가 아니라 분산된 복수 노드를 신뢰한다. 블록체인의 특징은 위조 불가성, 가명성, 검열 저항성, 보안성 등이 있다. 흔히들 블록체인을 '가치의 인터넷'으로 표현하는데, 이는 인터넷으로 전 세계 사람들이 정보를 자유롭게 주고받는 것처럼 블록체인이 돈이 자유롭게 오가는 것을 편리하게 만들 잠재력이 있는 기술이라는 뜻이다.

블록체인의 원조는 비트코인이다. 2008년 금융위기 당시, 정체가 베일에 싸인 사토시 나카모토가 비트코인이라는 암호화폐를 창안하면서 블록체인의 시대가 개막했다. 비트코인은 높은 가격 변동성 때문에 '교환의 매개체'로 사용하는 화폐가 될 것이라는 초기의 기대와 달리 현재는 금과 유사한 '가치 보존형 자산'으로 여겨지고 있다. 비트코인은 블록체인 최초의 킬러앱^{killer app}이라는 평가를 받는다. 마치 인터넷의 킬러앱이 이메일이었던 것처럼 말이다. 그러나 비트코인이 블록체인의 전부인 것은 아니다. 비트코인 외에도 이더리움, 리플 등 애플리케이션 개발, 결제, 송금

등 저마다의 영역에서 특화된 디지털 자산이 등장했다. 또한 막대한 자본과 기술력을 가진 글로벌 기업들이 금융, 물류, 공공, 헬스케어, 운송 등의 분야에서 블록체인을 도입하려는 방안을 활발히 모색하고 있다.

블록체인에 대한 큰 오해 중 하나는 블록체인이 디지털 빅브라더를 와해할 기술이라는 기대이다. 탈중앙화를 지향하는 블록체인 기술로 디지털 빅브라더의 기득권을 깨고 사이버 유토피아를 구축할 수 있다는 것이 이상주의자들의 생각이다. 예를 들어 『조지 길더 구글의 종말』을 쓴 미래학자 조지 길더는 블록체인이 태동한 이후 빅데이터의 시대가 저물고 블록체인이 인터넷 권력을 해체할 것이라고 주장한다. 그는 말했다. "중앙화된 인터넷은 결국 블록체인으로 대표되는 탈중앙화 인터넷에 의해 대체될 것이다. 앞으로 검색의 제왕, 구글의 시대도 끝나게 될 것이다."

그러나 이는 순진한 생각이다. 블록체인은 돈의 흐름을 감시하고 통제할 권력이다. 모두가 들여다볼 수 있는 분산 장부에 거래 내역을 기록한다는 것은 그만큼 감시체계가 고도화될 수 있다는 뜻이다. 블록체인은 디지털 빅브라더들의 권력을 해체하는 것이 아니라 오히려 그들에게 더욱 큰 권한을 부여할 것이다. 특히 디지털 금융의 영역에서 말이다. 이에 대해 나는 『비트코인 제국주의』에서 다음과 같이 적었다. "(비트코인과 블록체인은) 순진한 이상주의자들이 기대하는 낭만적인 사이버 유토피아를 약속하지도 않는다. 오히려 상업화와 규제의 단계를 거쳐 제국주의의 수단으로 변질될 가능성이 높다. 그리고 지금 이러한 신호가 발생하고 있다. 다만 소음에 가려져 주목받지 못하고 있을 뿐."

현존하는 디지털 빅브라더 중, 블록체인에 가장 적극적인 곳은 페이스북이다. 2019년에 페이스북은 20억 명이 넘는 페이스북 사용자들이 편리하게 서로 돈을 주고받을 수 있도록 디지털 화폐 디엠diem(원래 이름은 리브라였다. 그러나 페이스북은 규제의 역풍을 맞은 뒤, 리브라의 색깔을 지우기 위해 2020년 12월 디지털 화폐 프로젝트의 이름을 디엠으로 바꾸었다)을 출시할 것이라는 계획을 공개했다. 전 세계 인구 중 약 17억 명이 은행 계좌가 없어서 불편을 겪고 있는데, 페이스북이 블록체인 기술을 통해 전 세계 공용 디지털 화폐를 만들어 '국경 없는 금융사회'를 열겠다는 것이다. 가치 변동성이 커지불수단으로 활용하기 어려운 비트코인과 달리, 주요국 화폐와 단기 국채로 가치가 구성된 페이스북의 디지털 화폐는 가치 변동성이 낮아 교환의 매개로 활용하기에 적합하다는 것이 그들의 주장이다.

페이스북이 디지털 화폐 출시 계획을 밝히자 주요국들은 노발대발하며 페이스북을 규탄했다. 그리고 각국의 중앙은행은 화폐 주권을 지키기 위해 앞다투어 중앙은행 디지털 화폐CBDC, Central Bank Digital Currency 도입을 모색하기로 했다. 참고로 한국은행도 최근 CBDC 조직을 신설하여 관련 연구를 지속하고 있다. 그중에서도 특히 눈여겨볼 만한 점은, 미국과 날카롭게 대립각을 세우고 있는 중국이 주도면밀하게 디지털 위안화 출시를 준비하고 있다는 것이다. 알리바바, 텐센트 등 중국의 디지털 빅브라더가 디지털 위안화 프로젝트에 협조하는 것은 당연한 수순이다. 과연 중국의 디지털 위안화가 미국의 달러 패권에 얼마나 위협을 가할 수 있을지 지켜볼 일이다.

다시 페이스북 이야기로 돌아가 보자. 페이스북은 왜 디지털 화폐에 관심을 가질까? 디엠 홈페이지의 메인화면에는 전통시장에 서 있는 흑인 여성의 이미지가 게시되어 있다(2021년 4월 기준). 페이스북은 금융 인프라와 화폐 시스템이 낙후된 국가에 사는 소외계층을 돕는다는 고결한 명분을 내세운다. 그러나 이는 표면적인 이유일 뿐, 진짜 속내는 중국 인터넷기업처럼 모바일 결제 시장을 장악해 현금 없는 사회를 촉진하고 디지털 금융 사업을 키우는 것이다.

페이스북은 왓츠앱, 페이스북 메신저와 같은 자사 메신저 애플리케이션을 중국 텐센트가 운영하는 위챗처럼 만들고 싶어 한다. '중국인의 필수 앱'으로 불리는 위챗은 커뮤니케이션뿐만 아니라 금융, 교통, 쇼핑 등 다양한 서비스를 제공하고 있다. 국내 모바일 메신저를 평정한 카카오톡의 사용자 수가 4600만인 것에 비해 중국의 위챗 사용자 수는 12억에 달할 정도로 압도적인 네트워크를 보유한 글로벌 모바일 메신저이다(2020년 기준).

페이스북은 중국의 사례를 벤치마킹하며 디엠을 기획한 것이 틀림없다. 카드 결제 인프라가 낙후되어 있던 중국은 카드 보급 단계를 건너뛰고 현금 사용에서 단번에 QR 코드 모바일 결제 시대로 전환하는 데 성공했다. 여기에는 알리바바와 텐센트의 모바일 결제 사업을 전폭적으로 지지한 중국 정부의 공이 컸다. 중국 시민들은 알리바바의 알리페이나 텐센트의 위챗페이로 중국 전역 어디에서든 편리하게 결제 활동을 할 수 있다. 그 결과, 현금 사용량이 점점 줄어

들었고 현금을 받지 않는 상점이 많아졌다. QR 코드 리더
기는 중국 상점의 필수품이 되었고 신용카드 리더기나 현
금 관리 기기는 불필요한 것이 되어버렸다. 전 세계에서 가
장 고도화된 형태의 현금 없는 사회로 접어든 것이다.

중국에서 자행되고 있는 전면적인 감시는 이러한 디지
털 화폐 사용을 기반으로 하고 있고, 이는 곧 현금 없는 사
회의 미래를 시사한다. 중국 정부는 시민들의 재무적, 비재
무적 데이터를 수집해 신용 등급을 부여하는 '사회신용시
스템'을 구축하는 데 성공했다. 알리바바와 텐센트 등은 방
대한 모바일 결제 데이터와 자체 신용 평가 서비스 인프라
를 제공해 중국 정부에 협조했다. 이로써 중국 정부는 14억
명의 시민에게 점수를 매기고 모범 시민과 불량 시민을 구
분할 수 있게 되었다.

문제는 개인의 신용 등급을 결정짓는 권한이 전적으로
중국 정부와 디지털 빅브라더에 있다는 점이다. 그들은 개
인의 금융거래 내역, 교통법규 준수 여부, 소비 습관, SNS
활동 등을 참고해 관련 데이터를 수집하고 신용 등급을 부
여한다. 낮은 점수를 받은 시민에게는 각종 사회적·경제적
불이익이 가해지고 시민의 권리까지 박탈당할 수 있다. 예

를 들어 반체제 정치 성향을 가진 사람은 사회 신용 점수가 깎여 각종 불이익(불리한 대출 조건, 해외여행 금지, 신상공개, 취업 시 감점 등등)을 당한다. 또한 그와 SNS에서 긴밀하게 교류하는 사람 역시 비슷한 사상을 공유하는 반동분자로 취급되어 유사한 불이익을 당한다. 따라서 중국 시민들의 입장에서는, 높은 신용 점수를 유지하기 위해 정부의 눈치를 보고 주위를 감시하려는 유혹을 뿌리치기 어렵다.

놀라운 사실은 평범한 중국인들은 사회신용시스템을 감시와 통제의 수단으로 여기지 않고 국민 생활의 질을 높여주는 정책으로 여기며 만족한다는 점이다. 오히려 그들은 높은 점수를 얻기 위해 경쟁하거나 자신의 등급을 공공연히 과시하는 경향을 보인다. 실제로 중국의 온라인 데이팅 애플리케이션에서는 사회신용 평가 등급이 공개되고, 사용자들 사이에는 비슷하거나 높은 등급의 짝을 만나려는 풍토가 있다. 인간이라는 불운한 동물이 프라이버시라는 타고난 권리를 얼마나 쉽게 포기할 수 있는지를 잘 보여주는 대목이다.

코로나19는 현금 없는 사회로의 이행을 앞당겼다. 앞으로 돈은 모두 디지털 형태로 전환될 것이다. 최후까지 현금을 사용하는 집단은 범죄자, 탈세자, 그리고 극성맞은 프라이버시 옹호자들이 될 것이다. 머지않은 미래에 모든 스마트폰에는 전자지갑과 전자신분증 및 자금 세탁 방지 시스템이 기본적으로 탑재될 것이다. 전자지갑은 비트코인 같은 디지털 자산, 페이스북 같은 민간기업이 발행한 디지털 화폐뿐 아니라 각국 중앙은행이 발행한 디지털 달러, 위안화, 원화, 엔화 등을 지원할 것이다. 그리하여 지구 건너편에 있는 사람과 금융거래를 하는 것이 마치 이메일을 주고받는 것처럼 편리해질 것이다. 해외여행을 떠날 때 환전을 하거나 해외 사용이 가능한 신용카드를 소지하는 것은 전보를 치거나 동전을 가지고 다녔던 것처럼 구시대의 유물로 기억될 것이다.

현금 없는 사회의 그늘은 프라이버시의 종말이다. 우리는 편리함을 얻는 대가로 중국과 같은 전면적인 감시사회의 도래를 목격해야 할 것이다. 앞으로 우리의 금융거래 내역은 낱낱이 블록체인에 기록될 것이고, 데이터에 기반한 사회신용시스템이 구축될 것이다. 어쩌면 페이스북, 인스타그램 프로필에 자신의 신용 평가 등급을 기재하는 것이 미래에는 표준이 될지도 모른다. 블록체인을 등에 업은 디지털 빅브라더는 감시 행위로 획득한 금융 데이터를 바탕으로 더 큰 영향력을 발휘할 수 있다. 보통의 사람들은 가급적 많은 혜택(택시비 할인, 광고 안 보기, 저렴한 대출 금리, 고수익 투자 상품 등)을 얻기 위해 기꺼이 데이터를 제공하며 디지털 빅브라더가 쳐놓은 그물에 포획되고 조종당할 위험에 처해 있다.

생체 정보까지 파악하는 스마트헬스케어

'메멘토 모리Memento mori'라는 말이 있다. 반드시 죽는다는 사실을 기억하라는 뜻이다. 로마에서는 승리한 장군이 전쟁에서 돌아와 시가행진을 할 때, 행렬의 뒤에서 노예가 큰 소리로 메멘토 모리를 외치게 하는 풍습이 있었다고 한다. 누구나 죽기 때문에 전쟁에서 승리했다고 우쭐대지 말라는 뜻이다. 인간은 자신이 필연적으로 죽는다는 사실을 인식하고 있는 희귀한 종이다. 비록 많은 현대인이 이 단순한 사실을 망각한 채 사는 것 같기는 하지만 말이다.

로마의 시인 푸블릴리우스 시루스Publilius Syrus는 "모든 사람은 죽음 앞에 평등하다"라는 말을 남겼다. 실로 그렇다. 왕과 거지, 문명인과 야만인, 종교인과 비종교인 모두 너 나할 것 없이 죽음을 맞이한다. 절대권력을 누렸던 진시황조차 불로초를 찾아 헤맸지만 불멸에 대한 그의 염원은 실현되지 않았다. 우리는 모두에게 공평하게 주어진 시간을 소모하며 죽음이라는 종착지를 향해 뚜벅뚜벅 걸어간다. 돈이 아무리 많아도 살 수 없는 것이 바로 시간이다.

그러나 21세기 부자들은 죽음에 대해 다르게 생각하는 듯하다. 『200세 시대가 온다』의 저자 토마스 슐츠는 실리콘밸리의 기업과 거물 들이 불멸을 위해 막대한 자금을 들여 의학 프로젝트를 추진하고 있음을 밝힌다. 특유의 기술 낙관주의로 무장한 그들은 AI, 유전자 조작, 3D 프린터 등 갖가지 첨단기술을 활용하면 건강을 획기적으로 개선해 기대수명을 늘리고, 여기에서 더 나아가 죽음마저 극복할 수 있다고 생각한다. 예를 들어 구글의 엔지니어링 이사이자 미래학자인 레이 커즈와일은 『특이점이 온다』에서 기하급수적인 기술 발달 덕분에 2045년쯤이 되면 인간이 불멸을 실현하는 것이 가능해질 것이라고 전망한다.

스마트헬스케어, 바이오테크놀로지, 바이오엔지니어링 등 무병장수와 불멸을 가능케 할 최첨단기술을 지칭하는 용어가 다양한데, 통일성을 위해 이 책에서는 스마트헬스케어라는 표현을 사용하겠다. 강조하고 싶은 것은, 스마트 헬스케어의 원천이 되는 기술을 제공하고 의료산업의 패러다임을 바꾸는 주체가 바로 디지털 빅브라더라는 점이다. 실제로 구글, 페이스북, 애플, 아마존, 화웨이, 알리바바, 텐센트 등 유수의 인터넷기업들이 공통적으로 스마트헬스케어 사업을 추진하고 있다. 이들의 공통적인 목표는 단순히 사용자의 질병을 진단하고 약을 처방하는 것에 그치지 않는다. 질병을 '예방'해 수명을 연장하고 불멸을 가능하게 만드는 것이다.

디지털 빅브라더가 수행하는 스마트헬스케어 사업의 양태는 상이하지만, 감시와 데이터 수집이라는 감시 자본주의의 본질적인 메커니즘은 동일하게 적용된다. 특히 스마트워치, 스마트밴드 같은 웨어러블 기기는 디지털 빅브라더의 스마트헬스케어 데이터 수집의 첨병으로 활약하고 있다. 예를 들어 애플은 애플 워치를 넥스트 아이폰으로 만들어 헬스케어 버전의 앱스토어를 구축하려 하고, 삼성 역시 갤럭시 워치를 출시하며 애플의 뒤를 쫓고 있는 양상이다. 구글 또한 최근 21억 달러라는 거금을 주고 스마트워치 업체 핏빗을 인수했으며 아마존은 스마트밴드 할로를 출시했다. 화웨이, 샤오미 등 중국 기업들은 저렴한 가격과 뛰어난 성능을 앞세워 보급형 웨어러블 시장을 장악하고 있다.

디지털 빅브라더는 왜 웨어러블 사업에 공을 들일까? 웨어러블 기기는 24시간 내내 사용자의 행동을 추적하고 건강 상태를 모니터링하며 맞춤형 진료를 제공한다. 사용자는 웨어러블 기기를 착용함으로써 수면의 질, 심장박동, 걸음 수, 칼로리 소모량, 호흡 등을 확인할 수 있다. 또한 사용자가 웨어러블 기기를 스마트폰에 연동하면 비대면 원격 진료를 받고 처방전을 받아 의약품을 집으로 배송받는 것도 가능하다(국내에서는 법적으로 불가능하지만 해외에서는 가능한 시나리오다). 여기서 웨어러블 기기의 핵심 기능은, 사용자의 건강에 심각한 문제가 생기기 전에 이상 징후를 포착해서 사용자에게 경고하고 진료를 받게끔 유도하여 질병을 사전에 예방하는 것이다. 즉, 웨어러블 기기는 사용자 본인보다 그의 건강 상태를 더 잘 아는 주치의 역할을 하는 셈이다.

전문가들은 미래에 나노 로봇, 유전자 편집, 디지털 신약 기술 등을 활용해 지금보다 훨씬 높은 수준의 맞춤형 헬스케어 서비스를 제공하는 것이 가능해질 것이라고 전망한다. 단순한 심박 측정 데이터뿐 아니라 유전자와 같은 민감한 생체 데이터를 수집하고 분석해, 보다 개선된 맞춤형 헬스케어 서비스를 제공하는 것이 가능해진다는 뜻이다. 그리하여 인간의 기대수명을 비약적으로 늘리고 궁극적으로는 죽음마저 극복할 수 있다는 것이 스마트헬스케어의 미래를 낙관하는 전문가들의 생각이다.

기술 낙관주의자들이 전망하는 장밋빛 미래가 정말로 실현될 수 있는지, 그 여부를 논하는 것은 이 책의 주요 논지가 아니다. 주지하고 싶은 점은, 맞춤형 헬스케어 서비스 제공이라는 미명하에 디지털 빅브라더가 사용자를 24시간 동안 감시하고 데이터를 수집하는 것이 점점 정당화될 것이라는 점이다. 이메일, 검색엔진, 메신저, 쇼핑, SNS 등 갖가지 편리한 온라인 서비스를 (도저히 사용하지 않고는 못 배기게끔) 제공한 대가로, 그들이 우리를 감시하고 데이터를 추출해 내는 것이 정당화된 것처럼 말이다.

코로나19 팬데믹은 스마트헬스케어 사업을 추진하고 있던 디지털 빅브라더 입장에서 뜻하지 않게 찾아온 반가운 손님이었다. 위기는 누군가에게는 기회인 법이다. 그들은 최첨단 디지털 기술이 어떻게 건강에 도움을 줄 수 있는지를 전 세계적으로 홍보하고 스마트헬스케어 사업의 당위성을 관철했다. 디지털 빅브라더는 코로나19 퇴치와 인류 공공보건을 위한다는 명분으로 우리를 감시하고 데이터를 수집하는 것을 정당화하고 있다.

대표적인 사례로 2020년 5월 구글과 애플이 공동으로 개발하여 공식 출시한 코로나19 확진자 추적 소프트웨어 '자동 노출 통지'가 있다. 전 세계 스마트폰 운영체제[os] 시장을 양분하며 경쟁하고 있는 구글과 애플이 협력하는 일은 무척 이례적이다. 이 소프트웨어는 블루투스를 이용해 접촉한 사람들의 데이터를 축적해 두었다가, 누군가가 코로나19 양성 판정을 받으면 그와 접촉한 사람들에게 코로나19 검사를 권유하는 통지를 보낸다. 현재 20개가 넘는 국가가 이 소프트웨어를 활용해 확진자 위치추적 애플리케이션을 기획하고 있는 것으로 알려졌다. 구글과 애플은 사용자 개인정보가 암호화되어 프라이버시에 침해에는 문제가 없다는 입장이다. 그러나 NSA 사찰 폭로와 같은 과거의 사례들을 돌이켜 봤을 때, 과연 그들의 사용자 프라이버시 보호 정책을 얼마나 신뢰할 수 있을지에 대해서는 회의적인 입장을 취할 수밖에 없다.

코로나19 팬데믹이 장기화되면 확진자 위치추적 애플

리케이션을 설치하고 서로가 서로를 감시하며 스마트헬스케어 서비스를 이용하는 것이 일상이 될 수도 있다. 국내의 경우, 추적 애플리케이션의 사용이 일상화되지 않았지만, 코로나19 장기화가 예상되는 다른 국가에서는 충분히 이런 서비스가 대중화될 수 있다. 권위적인 정부가 강제하든 사람들이 자발적으로 나서든지 간에 말이다. 이렇게 되면 스마트헬스케어 산업의 성장은 더욱 가속화되고 디지털 빅 브라더는 한층 더 진화할 기회를 잡게 된다.

　스마트헬스케어의 도움으로 인류가 언젠가 죽음을 극복할 수 있을까? 아직은 알 수 없다. 다만 분명하게 관측되는 몇 가지 신호는 다음과 같다. 죽음을 극복하려는 야심 찬 의학 혁명이 이미 시작됐다는 점, 여기에 그동안 숱한 난제를 해결해 온 혁신기업들이 대거 참여한다는 점, 데이터 수집의 범위가 유전자를 비롯한 생체 정보까지 확대되어 앞으로는 우리 신체의 내부까지도 감시 대상에 포함될 수 있다는 점, 스마트헬스케어 서비스가 대중화됨에 따라 '죽거나 혹은 감시당하거나'라는 두 가지 선택지가 우리에게 제시될 것이라는 점, 그리고 우리는 두 가지 선택지 중 후자를 택하도록 사실상 강제당할 것이라는 점이다.

스마트 스피커가
당신의 일상을 염탐한다

소설 『1984』에는 텔레스크린이라는 감시 기기가 등장한다. 빅브라더가 지배하는 당이 사회 통제를 위해 곳곳에 설치한 텔레스크린은 시민들의 일상을 감시한다. 수신과 송출이 모두 가능한 이 기계는 시민들의 음성과 행동을 감시하며 이상 징후가 감지될 경우 즉시 당에 보고하고 조치를 취한다. 심지어 텔레스크린은 집 안에도 설치가 되는데 소리만 약간 줄일 수 있을 뿐 전원을 끌 수는 없다. 『1984』의 주인공 윈스턴이 몰래 당을 비판하는 내용의 일기를 쓰거나 연인 줄리아와 비밀스럽게 사랑을 나눌 때에도 가장 신경 쓰는 것이 바로 텔레스크린의 시선에서 벗어나는 일이었다.

조지 오웰은 확실히 선견지명이 있는 예언가이다. 그의 불길한 예언은 오늘날 그대로 현실이 되었다. 현대사회에 텔레스크린은 어디에나 존재한다. 거리에 설치되어 있는 CCTV, 각종 센서가 부착된 자율주행 자동차, 아침마다 날씨를 알려주는 스마트스피커까지. 갖가지 최첨단 제품들이 형태만 달리할 뿐 감시라는 텔레스크린의 본질적인 기능을 그대로 수행하고 있다. 다만 『1984』 속 텔레스크린과 현대판 텔레스크린의 차이점은, 후자의 감시가 세련되고 비폭력적인 방식으로 행해지고 있어서 사람들이 미처 인식하지 못한다는 것이다.

특히나 AI가 탑재된 스마트스피커의 감시가 인상적이다. 스마트스피커는 단순히 음악을 재생하고 날씨를 알려주는 것뿐 아니라 사용자가 묻는 질문에 대답하고, 일정을 관리해 주며, 사용자에게 도움이 필요한 것이 있는지를 물어보는 수준으로 거듭나고 있다. 엉뚱한 질문에도 곧잘 재치 있게 답변해 내는 것을 보면 유머 감각이 있는 개인 비서처럼 느껴질 정도이다. 흥미로운 점은, 어릴 때부터 스마트스피커를 접하고 교감하며 자란 아이들 중에는 스마트스피커를 진짜 친구처럼 여기는 경우도 있다는 것이다. 이런

점을 미루어 볼 때, 앞으로 스마트스피커는 우리 삶에서 텔
레비전만큼이나 중요한 비중을 차지하게 될 것이다.

문제는 스마트스피커를 제공하는 디지털 빅브라더들이
알고리즘 개선이라는 미명하에 사용자의 일상을 은밀하게
엿듣는다는 점이다. 애플, 아마존, 구글, 페이스북 등 현재
스마트스피커 시장을 주름잡고 있는 디지털 빅브라더들은
모두 예외 없이 사용자의 일상을 염탐했다는 불미스러운
스캔들에 휩싸인 바 있다. 갖가지 내부 고발과 외부 연구기
관의 조사에 의하면, 그들은 사용자의 민감한 음성 정보(이
를테면 회사 기밀을 논하는 회의, 마약 판매 현장, 성관계 등)를 수집
하고 알고리즘 개선을 위해 해당 데이터를 기업의 데이터
센터로 전송했음이 탄로 났다. 물론 그들은 사용자의 음성
데이터를 암호화해서 저장하기 때문에 각각의 대화가 정확
히 누구의 대화인지 식별할 수 없다고 주장한다. 그러나 과
연 수사기관이 요청하거나 정부가 압력을 넣을 때에도 사
용자의 사생활 보호라는 원칙이 제대로 지켜질지에 대해서
의문이 남는다.

스마트스피커는 디지털 빅브라더의 감시를 질적으로 개
선하는 데 혁혁한 공을 세우고 있다. 디지털 빅브라더가 기

존에 데이터를 수집하는 경로는 인터넷뿐이었고 감시 범위 또한 사용자의 다양한 온라인 활동에 국한됐었다. 그러나 이제 디지털 빅브라더는 스마트스피커를 통해 음성 데이터를 상시적으로 추출해 내고, 사용자의 오프라인 일상을 감시하는 것이 가능해졌다. 『1984』 속 텔레스크린처럼 말이다. 스마트스피커는 인터넷과 스마트폰을 사용하지 않을 때에도 당신을 감시하고 있다. 당신이 집에서 밥을 먹거나, 소파에서 텔레비전을 보거나 심지어 침실에서 자는 순간까지도 말이다.

스마트스피커는 빙산의 일각에 불과하다. 앞으로 사물인터넷 시대가 본격적으로 개화하면 텔레스크린은 더욱 원자화된 형태로 우리의 주변에 존재할 것이다. 아마존 창업자 제프 베이조스는 사물인터넷이 야기할 초감시사회의 양상을 가장 빨리 파악하고 사업화 아이디어를 실행에 옮긴 사람 중 한 명이다. 그는 남들보다 먼저 스마트스피커 '아마존 에코echo'를 출시해 시장을 개척했다. 아마존의 목표는 단순히 스마트스피커 시장을 장악하는 것에 그치지 않는다. 스피커뿐 아니라 모든 가전제품과 자동차 등에 에코의 음성인식 시스템 알렉사Alexa를 탑재하는 것이 제프 베이조스의 비전이다. 그렇게 함으로써 모든 사물인터넷이 아마존 플랫폼을 거치고, 기기끼리 알렉사를 통해 서로 소통하는 세상을 만들겠다는 것이 그의 생각이다.

제프 베이조스의 야심 찬 계획이 언제, 어떤 방식으로 실현될지는 미지수이다. 분명한 사실은 이런 생각이 더 이상 한 천재 기업가의 공상이 아니라는 점이다. 아마존의 뒤를 이어 스마트스피커 사업을 준비하고 있는 주요 기업들은 모두 사물인터넷 시대의 개화를 염두에 두고 미래를 준비하고 있다. 특히나 민감한 데이터가 차곡차곡 쌓이는 금고라 할 수 있는 집 안에까지 텔레스크린을 설치해 데이터를 수집하고 감시의 영역을 한 뼘이라도 더 넓히려는 기업 간의 경쟁이 치열하게 벌어지고 있다. '편리한 우리 집, 스마트홈'이라는 그럴듯한 마케팅 문구로 집 안 구석구석을 텔레스크린으로 도배하려는 디지털 빅브라더의 담대한 계획. 공상과학소설에나 등장할 것 같은 이 무시무시한 계획이 실제로 실현되고 있는 작금의 사태에 대부분의 사람들이 별다른 반감을 느끼지 않고 있다는 사실이 내게는 더 소설 같은 일로 느껴진다.

사물인터넷 시대가 도래함에 따라 우려되는 것은, 텔레

스크린이 우리의 일상 속에 너무나도 미세하게 스며들어 대다수의 사람들이 초감시사회의 심각성을 더욱 인지하지 못하게 될 것이라는 점이다. 마치 오늘날 우리가 스마트폰을 무의식적으로 사용하면서 감시당하는 것을 대수롭지 않게 여기는 것처럼 말이다. 스마트스피커의 대중화를 필두로 사물인터넷 시대가 본격화되면 디지털 빅브라더의 감시망은 더욱 촘촘해지고 사용자에게서 추출한 데이터를 기반으로 기기들끼리 소통하고 스스로 알고리즘을 개선해 나가는 상황이 연출될 것이다. 영화 〈아이, 로봇〉은 2035년을 배경으로 한 공상과학영화로, 이 영화에는 주인인 인간의 말을 거역하고 반란을 일으키는 로봇이 등장한다. 기기들이 인간이 이해하지 못하는 언어로 소통하는 모습에 이 영화가 연상되는 것은 지나친 기우일까.

마음을 읽는
안면 인식 기술

스티븐 스필버그 감독의 영화 〈마이너리티 리포트〉는 범죄를 예방하는 것이 가능한 미래 사회를 다룬다. 영화 속에 등장한 최첨단 치안 시스템 '프리크라임'은 범죄가 일어날 시간과 장소, 범죄를 저지를 사람을 예측하고, 미래의 범죄자를 미리 체포함으로써 범죄가 발생하는 것을 사전에 막는다. 영화의 주인공은 프리크라임의 유능한 팀장이었는데, 어느 날 자신이 미래의 범죄자로 지목되면서 곤경에 처한다. 〈마이너리티 리포트〉는 공상과학영화답게 프리크라임이 범죄자를 예측하는 방법으로 갖가지 미래지향적 기술을 등장시킨다. 이 중에서도 특히 안면 인식 기술이 주목할 만하다. 영화에서는 얼굴이 곧 신분증이다. 시민들은 얼굴로 신원을 인증하고 프리크라임팀은 안면 인식 기술로 범죄자를 색출한다. 이뿐만 아니라 거리의 전광판도 거리를 오고 가는 시민들의 신원을 파악해 각자에게 맞는 맞춤형 광고를 내보낸다.

〈마이너리티 리포트〉에 등장하는 안면 인식 기술은 오늘날 더 이상 허구가 아니다. 특히 중국을 필두로 빠르게 대중화되고 있다. 중국의 '톈왕^{天網}(하늘의 그물이라는 뜻)' 프로젝트는 안면 인식 기술을 활용한 대표적인 예이다. 2015년 시작된 이 프로젝트는 국민의 안전과 범죄자 추적이라는 명분을 내세워 6억 대 이상의 CCTV를 중국 각지에 설치하는 것을 목표로 한다. 톈왕 프로젝트로 인해 중국은 전 세계에서 인구당 CCTV 수가 가장 많은 감시 국가가 되었다. AI에 기초한 안면 인식 기술이 탑재된 중국의 CCTV는 단순히 영상을 녹화하는 것에 그치지 않고 얼굴 표정, 움직임, 걸음걸이 등의 데이터를 정확히 분석한다. 센스타임, 이투, 메그비, 하이크 비전 등과 같은 차세대 디지털 빅브라더들이 프로젝트에 협조하고 있다.

톈왕은 중국 경찰의 범죄 수사에 많은 도움을 주고 있다. 대표적으로는 중국 경찰이 6만 명의 관중이 운집해 있는 대형 콘서트 현장에서 수배 중이던 범죄자를 체포하는 일에 성공한 사례가 있다. 이는 전적으로 안면 인식 기술이 탑재된 CCTV 덕분이었다. 또한 안면 인식 기술 덕분에, 미제로 남은 살인 사건의 용의자를 사건 발생 16년 만에 체포한 일도 있었다. 당시 살인 사건의 용의자는 절로 도주해 스님 행세를 하며 제2의 인생을 살고 있었다. 그런데 경찰이 안면 인식 시스템을 조회하던 중, 미제 살인 사건의 용의자와 스님의 얼굴이 일치한다는 사실을 발견해 냈고 뒤늦게 그를 검거하는 데 성공한 것이다. 이와 같은 사례는 중국의 안면 인식 기술이 얼마나 뛰어난 수준인지를 증명한다. 오늘날 중국은 명실상부 세계 최고 수준의 안면 인식 기술을 자랑하고 있다.

중국 정부는 범죄율이 낮아진다는 명분(이는 〈마이너리티 리포트〉에서 정부가 감시를 정당화한 논리와 동일하다)을 앞세워 안면 인식 기기의 대중화를 장려하고 시민들의 얼굴 데이터를 강제적으로 수집하고 있다. 예를 들어 2019년부터 중국 시민들은 휴대전화를 개통할 때 얼굴을 의무적으로 스캔해야 한다. 과거에는 휴대전화 개통 시에 신분증만 제출하면 됐지만 이제는 얼굴 데이터를 정부에 제출해야 하는 것이다. 14억 중국 인구의 99% 이상이 휴대전화를 사용하고 있다는 점을 미루어 봤을 때, 휴대전화를 개통하려면 얼굴 데이터를 등록하라는 조치는 사실상 주민등록증 발급과 유사한 강제력을 가진다고 볼 수 있다.

중국 정부는 시민들로부터 수집한 얼굴 데이터를 기반으로 안면 인식 알고리즘을 고도화한다. 또한 CCTV뿐 아니라 여타의 안면 인식 기기를 아파트, 학교, 공중화장실, 쇼핑몰, 호텔, 대중교통 출입구, 은행, 관공서 등에 설치해 시민들을 감시한다. 안면 인식 기기는 단순히 대상자의 신원을 조회하는 것을 넘어 그의 행동을 통제하는 데도 활용된다. 실제로 안면 인식 기기가 설치된 중국 학교에서는 학생들이 수업시간에 딴짓을 하는지 확인하고 제재를 가하는 것이 가능하다. 또한 중국 공중화장실에서 휴지를 사용하기 위해서는 안면 인식 기기에 얼굴을 인증해야 한다. 한 번에 일정량의 휴지만 공급되기 때문에 사용자가 휴지를 추가적으로 얻기 위해서는 수 분을 기다린 뒤 다시 얼굴을 인증해야 한다. 중국에서는 안면 인식 기기가 어디에나 존재하기 때문에 시민들은 이를 낯설게 여기지도 않고 자신이 실시간으로 감시당하고 있다는 사실에도 별다른 거부감을 느끼지 않는다.

　중국의 안면 인식 시스템은 신원 인증 및 범죄자 감시뿐 아니라 결제 수단으로도 진화하고 있다. 중국의 대표적인 디지털 빅브라더 알리바바와 텐센트의 모바일페이는 안면 인식 기능을 지원한다. 중국 시민들은 스마트폰을 꺼낼 필요도 없이 안면 인식 기기에 얼굴만 인증하면 바로 결제를 할 수 있다. 얼굴이 곧 신분증이자 신용카드 역할을 하는 것이다. 이처럼 안면 인식 시스템이 너무나 편리하고 강제성을 띠기 때문에, 중국 시민들은 좋든 싫든 간에 얼굴 데이터를 제공하고 시스템에 동화될 수밖에 없다.

　중국의 안면 인식 확산 기세가 무서운 것은, 이 기술이 초감시사회에 악용될 소지가 다분하기 때문이다. 중국 정부가 안면 인식 기술을 시민의 편의성 증진과 범죄자 색출의 목적으로만 사용할 것이라고 믿는 것은 순진한 발상이다. 얼굴 데이터 등록이 의무화됨에 따라 중국 정부는 체제에 불만을 품은 세력, 소수민족, 홍콩 민주화운동 지지자들을 실시간으로 감시하고 통제하는 것이 손쉬워졌다.

　또한 안면 인식 알고리즘이 점점 고도화되면서 미래에는 미묘한 얼굴 표정 변화를 분석해 마음속으로 무슨 생각을 하고 있는지를 파악하고 통제하는 것이 충분히 가능해질 것이다. 예컨대 권위적인 정부가 사람들을 광장에 모아놓고, 감시 카메라로 개개인의 표정을 파악함으로써 지도자의 연설에 진심으로 환호하지 않는 사람들을 식별하고 심지어 처벌도 가할 수 있다는 뜻이다. 마치 소설 『1984』에 등장하는 표정죄Facecrime처럼 말이다.

안면 인식 기술을 빠르게 도입하고 있는 중국과 달리 서구권을 중심으로 한 민주주의 진영에서는 이 기술의 적극적인 도입을 주저하고 있는 양상이다. 왜냐하면 프라이버시를 중요하게 여기는 서구권에서 안면 인식은 쉽사리 수용하기 어려운 개념이기 때문이다. 실제로 마이크로소프트, IBM, 아마존 같은 미국 인터넷기업들이 나서서 안면 인식 기술이 디지털 감시, 인종 프로파일링 등 기본 인권을 침해할 소지가 있다고 주장하며 해당 기술이 악용되는 것에 우려를 표했다. 해당 기업들은 안면 인식 기술 관련 사업을 중단하거나 사법당국이 관련 데이터를 활용하는 것에 부정적인 의견을 피력하며 적절한 규제 마련이 시급하다고 한 목소리를 냈다.

서구권을 비롯한 민주주의 진영이 안면 인식 기술 적용

에 신중하게 접근하고 있기는 하나, 코로나19 때문에 상황
은 급변하고 있다. 바이러스 확산 방지를 명분으로 안면 인
식 기기 설치가 정당화되면서 전 세계가 중국의 행보를 따
라가고 있다는 불길한 예감이 든다. 실제로 우리나라의 경
우, 시민들의 체온을 측정한다는 명목으로 안면 인식 체온
측정기가 일상 속에 전파되었다. 이제 국내에서도 중국처
럼 병원, 식당, 관공서, 헬스장 등의 시설을 이용할 때 안면
인식 기기로 체온을 측정하고 QR 코드를 등록하는 일이
일상이 되었다. 이러한 경험이 축적됨에 따라 시민들은 더
이상 안면 인식 체온기에 얼굴을 스캔하는 것을 낯설게 여
기지 않는다. 물론 현재 안면 인식 체온기의 역할은 단순한
체온 측정에 지나지 않는다. 그러나 이 기계가 훗날 전방위
적인 감시를 수행하는 텔레스크린으로 변모하지 말라는 법
은 없다.

뭐든지 처음의 변화는 사소한 법이다. 그러나 일단 루비
콘강을 건너면 변화는 걷잡을 수 없이 빠르게 진행된다. 안
면 인식 체온기가 안면 인식 결제기, 안면 인식 광고판, 여
기에서 더 나아가 시민들의 일상을 감시하는 텔레스크린
으로 진화하는 것을 미리 경계할 필요가 있다. 무슨 일이

벌어졌는지 깨달을 즈음에는 이미 늦었을 가능성이 높기 때문이다.

우주 정복을 꿈꾸는 감시 자본가들

"이것은 한 인간에게는 작은 발걸음이지만, 인류에게는 위대한 도약이다." 1969년 미국의 우주 비행사 닐 암스트롱은 인류 최초로 달에 발을 내디디며 이런 말을 남겼다. 당시는 미국과 소련이 우주 패권 경쟁을 벌이며 각국이 우주 산업 발전에 천문학적인 자금을 투자하던 때였다. 그러나 1991년에 소련이 붕괴하고 냉전이 종식됨에 따라 정부 예산에서 우주 산업이 차지하는 비중은 점점 줄어들었다. 그 결과, 50여 년 전 인류가 최초로 달에 착륙한 이후 전 세계 우주 산업은 지루할 정도로 별다른 발전이 없었다. 야심만만한 기업가들이 우주로 시선을 돌리기 전까지 말이다.

오늘날 우주 산업은 더 이상 미국항공우주국^{NASA}의 전유물이 아니다. 2002년 설립된 스페이스X, 2000년 설립된 블루오리진과 같은 민간기업들이 우주 산업 개발에 뛰어들며 NASA가 해내지 못한 일을 해내고 있다. 우주 산업에 민간기업들이 두각을 드러낼 수 있었던 배경에는 실리콘밸리 억만장자들의 전폭적인 지원이 있었다. 특히 가장 주목할 만한 인물은 테슬라의 CEO 일론 머스크와 아마존 창업자 제프 베이조스이다. 이들은 각각 스페이스X와 블루오리진이라는 회사를 설립한 뒤 물심양면으로 회사의 우주 진출을 독려하고 있다.

스페이스X와 블루오리진의 비전은 인간을 우주로 보내, 지구와는 별개의 문명을 구축하는 것이다. 일론 머스크는 화성에 식민지를 건설할 것이라는 목표 아래 2050년까지 100만 명을 화성에 이주시키겠다는 계획을, 제프 베이조스는 달에 인류가 정착하고 살 수 있는 전초기지를 건설하겠다는 목표를 밝힌 바 있다.

다소 황당해 보이는 그들의 담대한 비전을 괴짜들의 망상이라고 치부하기는 어렵다. 왜냐하면 두 사람 모두 과거에는 전혀 불가능해 보이던 일을 가능하게 만든 천재적인 혁신가들이기 때문이다. 게다가 그들에게는 비전을 실행할

넉넉한 자금도 준비되어 있다. 테슬라와 아마존은 오늘날 가장 가치가 높은 기업들이고, 2021년 3월 포브스 기준 세계 부자 순위에서 제프 베이조스는 1위를, 일론 머스크는 3위를 차지했다. 빌 게이츠가 4위, 워런 버핏이 6위라는 점을 참고하면 이들이 얼마나 부자인지 가늠할 수 있을 것이다. 실제로 제프 베이조스는 2019년 인터뷰에서 블루오리진의 재정적 지원을 위해 매년 10억 달러(약 1조 1000억 원)어치의 아마존 주식을 팔겠다고 밝힌 바 있다.

얼핏 스페이스X와 블루오리진의 우주 사업은 디지털 빅브라더와 무관해 보인다. 우주로 로켓을 발사하고 관광 여행을 떠나는 것이 감시와는 상관이 없어 보이기 때문이다. 그러나 우리는 그들의 '인공위성 프로젝트'를 눈여겨봐야 한다. 스페이스X와 블루오리진의 궁극적인 목표 중 하나는 우주로 인공위성을 쏘아 올려 전 지구에 인터넷 서비스를 제공하는 글로벌 이동통신사가 되는 것이다. 사람들이 오지에서도 저렴한 비용으로 초고속 인터넷을 사용할 수 있게 만든다는 것이 그들의 계획이다.

우리나라의 경우 워낙 통신 인프라가 우수하기 때문에 스페이스X와 블루오리진의 인공위성 프로젝트가 일상을 어떻게 변화시킨다는 것인지 가늠하기 어려울 수 있다. 그러나 전 세계 모든 사람들이 한국인처럼 편리하게 인터넷을 이용하고 있는 상황은 아니다. 인터넷 관련 통계 사이트 인터넷월드 스태츠^{internetworldstats}에 따르면 2020년 말 기준으로 전 세계 78억 명 인구 중에서 인터넷을 사용하는 사람의 비중은 64.2%에 불과하다. 나머지 36%인 28억 명은 인터넷을 사용하지 못하고 있다. 특히 문명 인프라가 발달하지 않은 아프리카의 보급률은 43%로 낮은 편이다. 스페이스X와 블루오리진의 인공위성 프로젝트가 성공하면 아프리카 정글에서도 인터넷을 자유롭게 이용할 수 있게 될 것이다.

스페이스X의 인공위성 프로젝트는 '스타링크^{Starlink}'이다. 스타링크는 1만 2,000여 개의 저궤도 통신위성을 쏘아 2020년대 중반까지 전 세계에 인터넷 서비스를 제공하는 것을 목표로 하고 있다. 스타링크 프로젝트가 출범하기 이전, 인류가 쏘아 올린 인공위성이 총 1만 개가 채 되지 않는다는 점을 고려하면, 스페이스X의 비전이 얼마나 대단한 수준인지를 짐작할 수 있다. 블루오리진도 스타링크와 유사한 '카이퍼^{Kuiper} 프로젝트'를 추진 중인데 이들은 2029년까지 위성 3,236개를 띄워 위성 인터넷을 제공할 계획이다. 분명한 사실은, 앞으로 지구 주위를 도는 인공위성의 개수가 점점 늘어남에 따라 우리의 후손들은 하늘에 있는 별 대신 인공위성을 더욱 친숙하게 여기게 될 것이라는 점이다. 실제로 이미 수백 개의 스타링크 인공위성이 지구 주위를 돌고 있어 천문학자들로부터 별을 관측하는 데 방해가 된다는 불만이 제기되고 있는 상황이다.

일론 머스크와 제프 베이조스의 인공위성 프로젝트가 좀 더 구체화되면, 그들은 어떤 방식으로든 자신이 경영하는 테슬라와 아마존에 이 서비스를 접목하려 할 것이다. 예를 들어 테슬라의 소프트웨어 시스템은 스타링크와 연계되어 앞으로 테슬라 자동차가 자율주행 모드로 사막이나 정글을 거침없이 질주하는 것이 가능해질 것이다. 탑승자는 초고속 인터넷으로 재생되는 넷플릭스 영화를 보며 편안하게 자동차에서 시간을 보낼 수도 있다. 또한 아마존은 자율주행 드론을 이용해 도심에서 벗어난 외곽 지역까지 상품을 빠르게 배송할지도 모른다. 물론 사용자는 실시간으로 감시당하며 데이터를 제공해야만 이러한 최첨단 서비스를 이용할 수 있게 될 것이다.

스페이스X와 블루오리진 같은 민간기업의 참여는 우주

산업 발전에 활기를 불어넣었고 국가 간 우주 패권 경쟁에 다시금 불을 지폈다. 과거 소련이 미국과의 우주 전쟁에 열을 올렸던 것처럼, 이제는 중국이 우주 산업 개발에 공을 들이며 미국의 독주를 견제하고 있다. 중국 정부는 위성 인터넷이 기존의 유선 인터넷과 무선 인터넷을 잇는 정보 통신 인프라 패러다임의 변화임을 인식하고 관련 사업을 국가적으로 지원하고 있다. 이에 따라 화웨이, 텐센트, 차이나 유니콤 등과 같은 거대 기업들이 중국의 인공위성 프로젝트를 주도하며 향후 스페이스X, 블루오리진과 같은 미국 기업들과 경쟁할 예정이다.

강조하고 싶은 점은, 비단 일론 머스크와 제프 베이조스 뿐 아니라 거의 모든 감시 자본가들이 인공위성과 같은 인터넷 개간 사업에 공을 들이고 있다는 것이다. 실제로 페이스북과 구글 역시 인터넷 보급률을 높이기 위해 각각 '아테나 프로젝트(인공위성 인터넷 사업)', '프로젝트 룬(열기구를 활용한 인터넷망 사업)'을 수행한 바 있다. 비록 이들의 야심 찬 프로젝트가 앞의 두 프로젝트만큼 사업 확장에 성공하지는 못했지만 말이다.

감시 자본가들이 이처럼 인터넷망 확대에 신경 쓰는 것

은 인터넷을 사용하지 않는 28억 명의 사람들이 아직 채굴되지 않은 '광물'이기 때문이다(그렇다, 감시 자본가들 입장에서 사용자는 서비스를 사용하는 고객이 아니라 데이터를 생산해 내는 광물 자원이다). 근대의 제국주의자들이 지칠 줄 모르는 야욕으로 바다에 배를 띄워 미개척지를 식민지로 만들고 정복했던 것처럼, 현대의 감시 자본가들은 인터넷 사각지대를 없애고 디지털 빅브라더의 영토를 확장하기 위해 각고의 노력을 기울이고 있다.

우주 정복을 꿈꾸는 감시 자본가들의 야망은 언젠가 결국 실현되고 말 것이다. 전 지구적 감시망이 구축되고 전 세계 어디든 디지털 빅브라더의 시선이 닿지 않는 곳이 없을 것이다. 그 결과, 그동안 인터넷을 사용할 수 없었던 최빈국 아프리카 시민들은 디지털 빅브라더의 감시망에 완벽히 포섭되어 관찰되고 통제될 것이다. 그들은 세렝게티에 펼쳐진 광활한 자연을 바라보는 대신 점점 손바닥만 한 스크린 속 세상을 바라보게 될 것이다. SNS 계정을 만들고, 무언가를 검색하고 싶어 하고, 은행이 없어도 모바일로 손쉽게 금융 서비스를 이용하게 될 것이다. 그들의 삶은 '편리'해지고 점점 무언가와 '연결'될 것이다. 그러나 그 대가

로 그들은 프라이버시라는 소중한 인간의 권리를 포기한
채, 디지털 빅브라더를 사랑해야만 할 것이다.

더 볼거리

● 레이 커즈와일 『특이점이 온다』

구글의 미래학자, 21세기의 에디슨, 세계 최고의 발명가. 레이 커즈와일을 묘사하는 수식어는 다양하다. 그는 저서 『특이점이 온다』에서 기술이 인간을 넘어 새로운 문명을 낳는 높은 변곡점의 시점을 '특이점Singularity'이라 정의하고, 2045년이면 인간과 기계가 기술을 통해 결합하는 특이점의 순간이 도래할 것이라고 전망한다. 인간과 기계를 구분짓던 고유한 차별점이 점점 없어지고 인간이 새로운 '종種'으로 진화하는 새로운 문명이 시작될 수 있다는 것이다. 인간의 농담을 이해하는 고도화된 AI, 인체의 혈류를 타고 다니며 건강을 유지시키는 나노 로봇, 뇌의 정보를 클라우드에 옮겨서 영생하기, 현실세계와 구분할 수 없는 완전 몰입형 가상현실 등등. 다소 황당해 보이는 레이 커즈와일의 예측은 상당한 논란을 낳았다.

지난 수백 년간의 기술 발전 역사를 돌이켜 보면, 인류가 성취한 결과물은 실로 놀라운 것이었다. 증기기관, 철도, 전구, 전화기, 비행기, 자동차, PC, 인터넷, 그리고 오늘날 우리가 매일 사용하는 스마트폰까지. 흥미로운 점은, 과거 기술 발전 트렌드가 '기하급수적'이었다는 점이다. 이 점에 비추어 보면, 앞으로 수십 년의 기술 발전 속도는 과거

수백 년의 그것보다 빠를 것이라는 레이 커즈와일의 주장은 타당해 보인다.

『특이점이 온다』가 출간된 2005년 이후 모바일, 자율주행 자동차, 블록체인, 자동화 로봇, 양자컴퓨터, 항공우주, 신재생에너지, 바이오테크, 메타버스 등 실로 다양한 분야에서 기술 발전이 기하급수적으로 이뤄졌다. 새로운 변화를 목도한 레이 커즈와일은 『특이점이 온다』에 이어, 자신이 예측했던 미래가 보다 빨리 실현될 수 있음을 알리는 『특이점은 더 가까워졌다The Singularity Is Nearer』의 출간을 준비하고 있다.

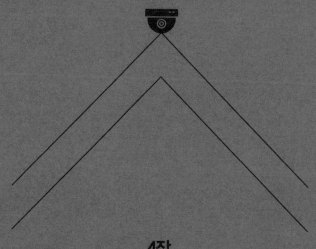

4장

포스트 코로나,
초감시사회의 도래

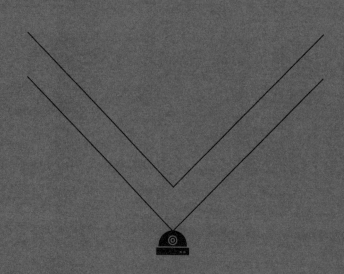

파놉티콘, 바놉티콘,
스마트 옵티콘

코로나19로 인해 사회적 거리두기가 강제됨에 따라 비대면을 뜻하는 '언택트Untact' 문화가 확산되고 있다. 전 세계적으로 디지털 기술 도입이 가속화되고 재택근무, 원격 교육, 화상회의, 홈 트레이닝 등과 같은 언택트 문화의 산물이 새로운 표준으로 자리 잡았다. 코로나19가 종식된다고 하더라도 언택트 문화에 익숙해진 사람들은 결코 과거로 회귀하지 않을 것이다. 이 장에서는 포스트 코로나 시대에 사회가 어떤 모습으로 변모할지 살펴보겠다.

'최대 다수의 최대 행복'이라는 공리주의로 유명한 철학자 제러미 벤담. 그는 어느 날 동생이 일하는 작업장에 들렀다가 깊은 인상을 받았다. 소수의 숙련 노동자가 다수의 비숙련 노동자를 효율적으로 관리 감독하고 있었는데 이는 작업장의 독특한 구조 덕분이었다. 제러미 벤담은 이때의 경험을 바탕으로 파놉티콘이라는 개념을 창안한다. 그리스어로 '모두'를 뜻하는 'Pan'과 '보다'를 뜻하는 'Opticon'의 합성어인 파놉티콘은 모두를 본다는 뜻이다. 파놉티콘은 이중 원형 감옥의 형태로 중앙에 감시자가 머무는 원형의 탑이 있고, 이 주위를 피감시자들의 공간이 둘러싼 형태이다. 중앙의 감시탑에서는 피감시자의 모습을 낱낱이 확인할 수 있지만 외부 공간에 있는 피감시자는 중앙 감시자의 상태와 시선의 방향 등을 파악할 수 없다. 따라서 피감시자들은 보이지 않는 시선으로부터 항상 감시당하고 있다고 느끼고 긴장 상태를 유지한다.

제러미 벤담은 파놉티콘 건축 양식을 감옥, 학교, 병원, 병영 등과 같은 공공시설에 도입하면 공익이 증진될 것이라고 믿었다. 그러나 그가 살아 있는 동안에는 파놉티콘이 널리 받아들여지지 않았다. 파놉티콘의 감시 효율성이 주목받은 시기는 근현대에 접어들어 기계문명이 발전하면서부터이다. 국가와 기업은 구성원들을 효율적으로 관리하고 통제하기 위해 앞다투어 파놉티콘 건축 양식을 도입했다.

파놉티콘을 도입한 덕분에 공공 위생이 개선되고 노동생산성이 증가하는 등 공익이 증진되며 제러미 벤담이 이루지 못한 꿈이 실현되고 그가 전적으로 옳은 듯 보였다. 미셸 푸코가 파놉티콘의 문제점을 적나라하게 비판하기 전까지는 말이다.

미셸 푸코는 『감시와 처벌』에서 파놉티콘에 대해 다음과 같이 말했다. "'파놉티콘'은 일종의 왕립 동물원이다. 단지 동물 대신 인간이, 특유한 무리 대신 개인별 배분이, 그리고 국왕 대신 은밀한 권력 장치가 자리 잡고 있을 뿐이다." 그는 현대사회의 권력과 통제 메커니즘의 바탕에 파놉티콘이 있다고 주장한다. 원래 감옥과 병영처럼 위계질서가 있는 공간에서 주로 사용되던 파놉티콘이 사회 전반으로 확산되어 시민들이 감시당하는 것을 내면화하게 되었다는 것이다. 파놉티콘 사회에서는 권력이 규율을 만들어 시민들을 감시하고 훈육하고, 시민들은 서로가 서로를 감시하며 권력에 순종한다.

한편 파놉티콘뿐만 아니라 바놉티콘Banopticon이라는 개념도 주목할 만하다. '추방하다'라는 뜻을 지닌 'Ban'이 접두사로 쓰인 이 표현은 감시와 규율에 순응하지 않은 자들이 사회에서 추방당하는 현상을 의미한다. 파놉티콘이 막연한 공포를 조장하고 권위를 앞세워 사람들을 훈육하는 체계라면, 바놉티콘은 체제에 적대적인 사람들을 아예 시스템에서 배제해 버리는 구조이다. 체제에 순응하지 않는 대상을 명부에서 삭제하고 '존재하지 않는 존재'로 만들어버린다는 점에서, 바놉티콘의 처벌은 파놉티콘의 그것보다 더욱 무자비하다고 볼 수 있다.

디지털 빅브라더는 파놉티콘과 바놉티콘의 면모를 모두 갖추고 있다. 우선 디지털 빅브라더가 파놉티콘과 어떤 연관이 있는지 살펴보자. 디지털 빅브라더는 디지털 파놉티콘 중앙에 위치한 절대적 감시자이다. 과거에는 파놉티콘 감시자가 감시할 수 있는 대상이 고작 죄수 수십, 수백 명에 불과했다면, 오늘날 디지털 빅브라더가 디지털 파놉티콘에서 감시할 수 있는 대상은 수억, 수십억 명의 사용자들이다. 디지털 빅브라더의 얼굴 없는 시선은 우리의 모든 것을 꿰뚫어 본다.

또한 디지털 빅브라더는 '네트워크 효과'를 통해 바놉티콘을 구축하고 영향력을 행사한다. 네트워크 효과란 특정 상품 및 서비스에 대한 수요가 형성되면 이것이 다른 사람의 수요에 연쇄적으로 영향을 미치는 현상을 의미한다. 디지털 세계는 네트워크 효과가 제대로 발휘되는 곳이다. 특정한 디지털 서비스가 주목을 받으면 사용자가 그곳으로 우르르 몰리고 관련 서비스를 제공한 기업은 시장을 선점한 대가로 승자독식 효과를 누린다. 예를 들어 우리나라 사람들은 카카오톡을 주요 메신저로 사용하고 페이스북 및 인스타그램에 일상을 공유하며 유튜브로 영상 콘텐츠를 시청한다. 비슷한 역할을 하는 다른 서비스도 시장에 숱하게 많지만 사용자들은 쉽게 서비스를 옮기지 않는다. 떠나지 않는 이유는 간단하다. 대부분의 주변 사람들이 해당 서비스를 사용하고 있고 다른 서비스에는 사용자가 별로 없기 때문에 이용할 유인이 떨어지는 것이다. 따라서 얼마나 많은 사용자가 이용하느냐가 디지털 서비스의 성패를 가르는 주요한 요소 중 하나이다.

디지털 세계의 네트워크 효과는 바놉티콘의 형성으로 이어진다. 네트워크 효과를 구축한 특정 디지털 서비스에 약간의 문제가 있어도, 치명적인 결함이 생기지 않는 한 사람들은 쉽게 플랫폼을 떠나지 않는다. 가령 2014년 정보기관이 카카오톡을 사찰할 수 있다는 소문이 퍼지자 카카오톡의 대안으로 텔레그램을 사용하자는 움직임이 있었다. 그러나 보통의 한국인들은 여전히 카카오톡을 사용하고 있었기 때문에 카카오톡을 삭제하면 실시간 소통이 어려워지고 일상생활에서 불편을 느낄 수밖에 없었다. 사찰 논란에도 불구하고 여전히 많은 사람이 카카오톡을 사용하는 이유이다. 바놉티콘의 위력은 이토록 강력하다. 3장에 소개한 각종 최첨단기술 때문에 앞으로 디지털 빅브라더가 감시하는 바놉티콘은 더욱 공고해질 것으로 예상한다.

나는 파놉티콘과 바놉티콘에서 더 나아가 '스마트 옵티콘Smart Opticon'이라는 개념을 소개하고 싶다. 영리하게 대상을 감시하는 스마트 옵티콘은 감시의 수준을 질적으로 높인다. 다시 말해, 스마트 옵티콘은 '스마트'가 들어간 갖가지 최첨단 기기(스마트폰, 스마트워치, 스마트스피커, 스마트카 등)를 이용해 언제 어디서든 사용자를 단순히 감시하는 것뿐 아니라 '조종'하는 것이다. 가령 기존의 파놉티콘과 바놉티콘은 감시 대상이 감시자가 원치 않는 행동을 할 경우에만 조치를 취하는 다소 소극적인 감시였다. 게다가 파놉티콘과 바놉티콘은 규율과 추방이라는 무기를 통해 감시 대상을 강제적으로 억압하는 경향이 있다. 반면 스마트 옵티콘은 대상에 적극적으로 개입해 각종 조치를 활발히 취하는 능동적인 감시이다. 스마트 옵티콘의 감시자는 단순히 대상을 관찰하는 것에 그치지 않는다. 감시자는 감시 대상의 몸과 마음을 조종해 감시자가 원하는 (혹은 감시자에게 돈이나 각종 혜택을 제공하는) 방향으로 사고하고 행동하게끔 유도한다. 예를 들어 맥도날드가 포켓몬고에 광고비를 지불하고 매장에 특정 포켓몬을 출몰하게끔 하면, 포켓몬고 사용자들이 우르르 맥도날드 매장으로 몰려가서 게임을 즐기는 사이 무의식적으로 빅맥과 코카콜라를 주문하는 것처럼 말이다. 스마트 옵티콘의 놀라운 점은 이 모든 일련의 감시와 조종에 어떠한 규율이나 강제성이 존재하지 않는다는 점이다.

환기하고 싶은 사실은 스마트 옵티콘이 스마트시티라는 미명하에 이미 전 지구적으로 형성되고 있다는 것이다. 정부와 기업은 스마트시티를 최첨단 디지털 서비스가 구현되는 혁신도시로 포장하지만, 스마트시티의 실상은 디지털 빅브라더가 통제하는 거대한 감옥이다. 실제로 중국을 필두로 전 세계가 스마트시티 프로젝트를 장려하고 있다. 중국은 알리바바 본사가 있는 항저우를 스마트시티로 육성하고 있다. 알리바바가 개발한 인공지능 '시티 브레인City Brain'은 도시의 복잡한 교통문제를 해결한다. 시티 브레인은 5만여 대의 카메라를 통해 거리를 실시간으로 감시하고 최적화된 교통 솔루션을 제시한다. 또한 항저우시는 안면 인식 기술을 상점 결제뿐 아니라 학교, 은행, 공항 보안 등의 영역에도 도입해 저변을 확대하고 있다. 시장 조사 연구기관 마켓츠앤마켓츠에 따르면, 글로벌 스마트시티 시장 규모는 2020년 4108억 달러에서 2025년 8207억 달러로 견고한 성장세를 보일 것으로 기대된다. 글로벌 자본은 이 거대한 시장을 결코 놓치고 싶어 하지 않는다. 마침 시민들을 통제하고 권력을 극대화하고 싶어 하는 정부와도 이해관계가 일치한다.

코로나19 팬데믹으로 디지털 전환이 가속화됨에 따라 스마트시티는 빠르게 발전할 것이다. 그 결과로 포스트 코로나 시대에 전 세계 주요 도시들은 스마트시티로 변모해 있을 것이다. 마치 산업혁명 이후 농촌이 급속도로 도시화된 것처럼 말이다. 스마트시티 시민들은 얼굴로 신원을 인증하고 결제를 하고, 24시간 하늘을 순찰하는 드론의 보호를 받고, 자율주행차로 최적화된 교통 경로로 이동할 것이다. 아마 대부분의 사람들은 이와 같은 교묘한 감시장치들을 대수롭지 않게 여길 것 같다. 때로는 진실을 외면하는 것이 행복해지기 위한 최선의 방법이 될 수 있다. 진실을 규명하기 위해 스스로 생각하지 않는 것에 익숙해진다면, 그는 적어도 스마트 옵티콘의 행복한 죄수로 복역하는 데 유리한 조건을 갖춘 셈이다.

마음을 해킹당한
알고리즘의 노예들

약 700년 전 14세기 유럽에 흑사병이 덮쳤을 때, 당시 사회 엘리트였던 종교인들은 흑사병을 신이 내린 벌이라고 생각했다. 그들은 교회에 모여 다 같이 기도하고 신에게 죄를 고하는 것만이 문제를 해결할 수 있는 최선의 방법이라고 믿었다. 과학 정신으로 무장한 현대인들이 보기에는 당시 종교인들이 내린 조치가 어리석기 그지없다. 코로나19가 창궐한 오늘날에는 보통의 사람뿐만 아니라 종교인도 신의 말씀보다 과학의 권위를 믿을 줄 안다. 예를 들어 이슬람 종교 행사인 라마단은 사회적 거리두기 때문에 썰렁하기 그지없었다. 교황조차 미사를 드릴 때 마스크를 쓴다. 니체가 말한 '신은 죽었다'는 코로나19로 인해 다시 한번 유효한 명제임이 증명되었다.

실로 다양한 과학 분야들 중, 컴퓨터과학 분야의 알고리즘은 현대사회에서 특히 대단한 권세와 능력을 발휘하고 있다. 다음의 사례를 살펴보자. 미국에서 한 중년 남성이 유통업체 타깃^{target}에 항의를 하는 일이 있었다. 자신의 딸이 고등학생인데 타깃이 딸에게 아기 옷과 수유 제품 등을 포함한 유아용품 할인 쿠폰을 보냈다는 것이다. 타깃은 마케팅 과정에서 오류가 있었다고 여기고 정중히 사과했다. 그러나 며칠 뒤 반전이 일어났다. 알고 보니 남성의 딸이 임신했다는 사실이 뒤늦게 알려진 것이다.

알고리즘은 충실히 본연의 역할을 수행하며 권위를 증명했다. 10대 딸의 디지털 서비스 이용 행태를 분석해 그녀가 임신 중이라는 사실을 알고는 맞춤형 광고를 보낸 것이다. 이는 알고리즘이 인간의 자의적인 판단보다 객관적이고 정확할 수 있다는 사실을 시사한다. 쇼핑 분야에서 알고리즘의 효능을 입증한 타깃의 사례는 새 발의 피일 뿐, 우리는 점점 더 많은 영역에서 알고리즘의 판단에 의존하려 한다. 단순히 영화를 추천받거나 빠른 길을 안내받는 것뿐만 아니라, 사람을 채용하거나 진로를 탐색하거나 플랫폼

노동자에게 일감을 분배하는 등 인간 삶에 훨씬 더 직접적인 영향을 미치는 영역에서도 말이다.

한때 인간은 스스로 창조한 신의 권위를 박탈하고 인본주의적인 세계관을 형성하는 데 성공했다. 세계의 주인공이 신이 아니라 인간인 시절이 있었다. 그런데 지금, 인간은 어렵사리 획득한 지위를 포기하고 알고리즘에 상당한 권리를 이양하려 하고 있다. 21세기는 인본주의 세계관에서 알고리즘 세계관으로 이행하고 있는 시기이다. 데이터에 기반한 알고리즘은 거짓말을 하지 않는다. 알고리즘의 권위는 절대적이다.

권위가 알고리즘으로 이동하는 현상을 가리켜, 예루살렘 히브리대학교 역사학 교수 유발 하라리는 '데이터교教'라는 표현을 사용했다. 그는 『호모 데우스』에서 데이터교에 대해 다음과 같이 말한다. "데이터교는 우주가 데이터의 흐름으로 이루어져 있고, 어떤 현상이나 실체의 가치는 데이터 처리에 기여하는 바에 따라 결정된다고 말한다. (…) 지금까지는 데이터가 지적 활동이라는 긴 사슬의 첫 번째 단계에 불과했다. 인간이 데이터에서 정보를 증류하고, 정보에서 지식을 증류하고, 지식에서 지혜를 증류해야 했다. 하지만 데이터교도들은 인간이 더 이상 막대한 데이터의 흐름을 감당할 수 없고, 따라서 지식과 지혜를 증류하는 것은 고사하고 데이터에서 정보를 증류할 수도 없다고 생각한다. 그러므로 데이터를 처리하는 일은 연산능력이 인간의 뇌 용량을 훨씬 능가하는 전자 알고리즘에게 맡겨야 한다. 실질적으로 데이터교도들은 인간의 지식과 지혜를 믿지 않고 빅데이터와 알고리즘을 더 신뢰한다는 뜻이다."

데이터교의 문제는 알고리즘이 결코 완벽하지도, 공정하지도 않다는 점이다. 알고리즘도 결국 불완전한 인간에 불과한 컴퓨터 프로그래머가 고안한 결과물이다. 컴퓨터 프로그래머는 본인 혹은 소속된 회사의 이익을 극대화하는 방향으로 알고리즘을 짜기 마련이고, 이 과정에서 그의 주관적인 편견과 무지가 코딩에 무의식적으로 내재되어 예상치 못한 부작용을 낳을 수 있다. 선한 의도를 가지고 만든 알고리즘이 미카엘 천사의 모습을 하고 있을지라도, 특정한 상황에서 의도치 않게 사람들을 저승으로 이끄는 하데스로 탈바꿈할 수도 있다는 뜻이다.

데이터 과학자 캐시 오닐은 자신의 저서 『대량살상수학무기』에서 약탈적인 성향을 띤 알고리즘을 '대량살상수학

무기'로 표현한다. 그녀는 알고리즘이 차별을 정당화하고 민주주의를 위협할 수 있음을 우려하며 다음과 같이 말했다. "빅데이터 경제의 원동력인 수학 모형 프로그램들은 실수가 있을 수밖에 없는 인간의 선택에 기반을 둔다. 분명 이런 선택 중 일부는 선한 의도를 가지고 있다. 그러나 대다수의 모형은 인간의 편견, 오해, 편향성을 코드화했다. 그리고 이 코드들은 점점 더 우리 삶을 깊이 지배하는 시스템에 그대로 주입됐다."

사실 대부분의 사람들은 자기 자신을 잘 모른다. 강력한 권위를 가진 누군가가 정답을 정해주기를 원하는 것이 보통의 사람들이 가진 습성이다. 따라서 알고리즘이 지닌 부정성에도 불구하고, 대부분의 사람들은 스스로 생각하고 탐색하는 대신 점점 더 알고리즘의 판단에 의존하려 들 것이다. 그리하여 알고리즘으로부터 영화나 음악을 추천받는 것뿐 아니라 인생에서 가장 중요한 문제들, 이를테면 무슨 공부를 해야 하는지, 어떤 직업을 가져야 하는지, 누구를 배우자로 삼아야 하는지 등을 알고리즘의 선택에 맡길 것이다. '그렇게 하는 편이 마음이 편하니까', '그때가 되면 남들이 모두 그런 방식으로 살고 있을 테니까'라는 이유를 대면서 말이다. 『자유로부터의 도피』를 쓴 에리히 프롬의 표현에 따르면, 인간이라는 불운한 동물은 자유라는 타고난 선물을 되도록 빨리 넘겨줄 수 있는 누군가를 찾고 싶은 욕구보다 더 긴급한 욕구를 갖고 있지 않은데, 이제는 알고리즘이 자유로부터 도피한 인간을 지배하는 역할을 하게 될 것이다.

알고리즘의 지배력이 올라갈수록 이를 활용하는 디지털 빅브라더의 힘 또한 공고해질 것이다. 디지털 빅브라더는 데이터교의 신도들에게 복음을 전파하고 항상 인터넷에 접속해 무언가를 하라고 요구할 것이다. 그렇게 해야만 데이터의 수급이 원활하고 알고리즘이 개선되어 데이터교가 명맥을 유지할 수 있기 때문이다. 양계장의 주인이 닭에게 모이를 주고 최대한 많은 달걀을 얻어내려는 것처럼, 디지털 빅브라더 역시 우리를 각종 편리한 서비스로 '길들이고' 감시하며 가급적 많은 데이터를 얻어내려 한다.

인간을 돕는 보조 수단에서 출발한 알고리즘은 점점 주인 행세를 하며 인간을 노예로 만들 것이다. 마치 돈이 그랬던 것처럼 말이다(조개껍데기에서 출발한 화폐경제가 오늘날 수많은 사람을 돈의 노예로 만든 것을 보라!). 알고리즘의 노예가 된 사람들은 쉽사리 마음을 해킹당한다. 마음을 해킹당한다는 의미는 자신의 자유의지와는 무관하게 알고리즘에 의해 마음이 결정된다는 것이다.

마음을 해킹당한 알고리즘의 노예는 정부와 기업의 먹잇감이 되기 쉽다. 푸틴 같은 독재자가 알고리즘을 활용해 러시아 국민들에게 국가안보 위기를 들먹거리며 장기 집권을 정당화하거나, 명품 기업이 맞춤형 광고로 불필요한 고급 기호 소비를 조장하는 모습이 너무도 쉽게 상상된다. 교묘하게 설계된 선전과 암시적인 광고 폭격이 알고리즘 노예의 마음을 쉴 새 없이 혼란스럽게 할 것이다. 누구를 믿어야 할지 모르는 상황에서, 알고리즘의 노예는 무의식적으로 주입된 정보를 객관적인 사실인 양 받아들일 수밖에 없다.

가장 완벽한 지배는 피지배자가 자유의지를 잃지 않았다고 착각한 상태에서 실현된다. 이런 측면에서 미루어 봤을 때 알고리즘의 지배는 무척 정교하다. 마음을 해킹당한 사람들은 자신이 알고리즘의 노예라는 사실을 전혀 깨닫지 못할 테니 말이다. '나는 누구인가?'라는 오래된 철학적 질문은 미래에는 구식 취급을 받을지도 모른다. 21세기에 보다 걸맞은 철학적 질문은 바로 '알고리즘은 내가 무엇이 되기를 원하는가?'이다.

디지털 전체주의,
같은 것의 지옥

독일계 유대인 철학자 한나 아렌트만큼 전체주의에 대해 깊게 사유한 사람은 많지 않다. 그녀는 나치의 유대인 핍박을 피해 해외로 망명한 전력이 있다. 전쟁이 끝나고 나치가 심판대에 섰을 때, 그녀는 전체주의의 야만성을 고발한『전체주의의 기원』과 악의 평범성을 조명한『예루살렘의 아이히만』을 발표하며 학계의 주목을 받았다.

한나 아렌트를 일약 스타로 만든『전체주의의 기원』은 1951년 발표되었는데 이 책에서 그녀는 전체주의가 갖는 여러 가지 특징을 규정했다. 우선 전체주의는 복잡한 문제에 대해 쉬운 해결책을 제시함으로써 대중을 규합한다. 이를테면, 나치가 유대인을 학살하고 게르만족이 똘똘 뭉쳐 전쟁을 일으키면 제1차 세계대전 이후 침체된 독일이 다시금 위대한 국가로 거듭날 수 있다고 주장하는 식이다.

또한 전체주의자들은 민족의 우수성, 역사적 사명감 따위의 표현을 즐겨 사용하며 대중이 '거대한 혁명'에 동참하고 있음을 강조하고 애국심에 호소한다. 반체제적인 사상을 가진 사람들을 감시하기 위해 비밀경찰을 동원하는 것 역시 전체주의의 특징이다. 전체주의 아래에서 인간은 시스템의 부품으로 전락한다. 인간의 개별성은 완전히 박탈당하고 단지 시스템을 구성하는 '재료'로서 존재할 뿐이다.

전체주의에 세뇌된 사람들은 조종자에 의해 움직이는 자동인형에 불과하다. 그들은 생각하지 않는다. 다만 '그렇게 해야만 한다'는 명령을 따르며 수동적으로 움직일 뿐이다. 실제로 유대인 대학살을 주도한 나치 전범 아돌프 아이히만은 재판장에서 이렇게 말했다. "나는 단지 충직하고 성실하며 정확하고 부지런한 사람일 뿐이었습니다. (…) 제가 살인자도 대량학살을 자행한 사람도 아니었다는 점은 분명해 보입니다." 전체주의가 무서운 점은, 극악무도한 행동을 하는데도 정작 자신은 무슨 짓을 저지르는지조차 깨닫지 못하게 만드는 전면적인 세뇌에 있다.

무솔리니나 히틀러가 오늘날 디지털 빅브라더의 존재를 알게 된다면 일종의 경외심을 갖게 될 것 같다. 왜냐하면 디지털 빅브라더는 그들이 궁극적으로 달성하고자 했던 전체주의를 세련된 방식으로 구현해 내는 데 성공했으니까. 디지털 빅브라더가 지배하는 디지털 전체주의하에서 인간은 데이터를 생산하고 운반하는 매개체로 전락한다. 모두가 자발적으로 사생활을 노출하기 때문에 비밀경찰이 따로 필요 없다. '싫어요'와 불행이 허락되지 않은 세계에서 우리는 다 같이 '좋아요'를 누르며 행복해한다.

재독 철학자 한병철은 『타자의 추방』에서 신자유주의와 디지털화가 디지털 전체주의를 야기하고 있음을 비판한다. 그는 모든 것이 폭력적으로 획일화되는 과정을 가리켜 '같은 것의 테러'라고 표현하며 다음과 같이 말한다. "오늘날 같은 것의 테러는 모든 삶의 영역으로 확산된다. 우리는 세상 곳곳을 돌아다니면서도 하나의 경험도 하지 못한다. 모든 것을 인지하면서도 어떤 것도 인식하지 못한다. 정보와 데이터를 쌓으면서도 어떤 지식에도 도달하지 못한다. 체험과 흥분을 애타게 추구하면서도 언제나 같은 상태로 남아 있다. 친구와 팔로워를 쌓으면서도 어떤 타자도 만나지 못한다. 사회 매체들은 사회적인 것의 절대적인 소멸 단계를 보여준다."

디지털 전체주의는 곧 같은 것의 지옥이다. 우리는 필터 버블에 의해 '같은 것'들로 둘러싸인다. 모두가 같은 것과 연결되고, 같은 것을 보고, 같은 것을 체험하고, 같은 트렌드를 따라가는 과정에서 본래 가진 고유의 색깔은 빠르게 탈취되고 점점 서로를 닮아간다. 그리고 주변의 같은 것과 지속적으로 비교하며 남들과 같다는 사실에 안심한다. 빅데이터 용광로가 쉼 없이 펄펄 끓는 과정에서 우리는 '좋아요'하며 점점 같은 것의 지옥으로 빠져든다. 디지털 네트워크는 인페르노Inferno이다.

디지털 빅브라더가 설계한 정교한 알고리즘 모형은 우리를 디지털 전체주의로 몰아넣는다. 다음의 사례를 보자. 2019년 1월 중국 공산당은 정책 선전용 모바일 애플리케이션 '쉐시창귀學習强國(학습강국)'를 출시했다. '위대한 중국을 배우자'는 뜻의 이 애플리케이션은 중국 공산당을 찬양하는 학습 자료를 숙지한 뒤, 당에 대한 충성도를 점수로 환산하는 게임이다. 중국 공산당의 치적을 기리고 시진핑 주석을 우상화하는 것이 학습의 주된 내용이다. 중국 시민들은 의무적으로 게임을 해야 하고 학교나 직장 등지에서 상급자가 이를 감시한다. 중국 시민들은 게임을 통해 획득한 포인트를 현금처럼 사용할 수 있다. 심지어 직장인들의 경우 향후 인사 평가에 학습 결과가 반영된다.

이는 공산주의 국가인 중국만의 문제가 아니다. 민주주의 국가에서도 강도만 다를 뿐 중국과 유사한 방식으로 디지털 전체주의가 연출되고 있다. 과거의 전체주의와 현대의 그것에 다른 점이 있다면, 오늘날 디지털 전체주의가 대단히 교묘한 방식으로 자행되고 있어 야만성이 은폐되고 있다는 것이다. 앞서 '포켓몬고'를 언급하며, 감시 자본주의의 미래가 전체주의적인 게임의 일상화일 수 있다고 경고한 바 있다. 디지털 전체주의는 더 이상 공상과학영화의 시나리오가 아니라 실제 현실에서 벌어지고 있는 일이다.

현대사회에는 팬데믹 이전부터 불길한 신호들이 감지되어 왔다. 이를테면 중산층의 붕괴, 경제 양극화, 민족주의와 국수주의의 부상, 세계의 분열, 정치적 리더십의 부재 등. 지루하게 반복된 지난 역사를 돌이켜 보면, 일반적으로 이런 환경에서 전체주의는 악의 꽃을 피웠다. 대중은 난세를 타개할 영웅을 원했고, 그렇게 등장한 영웅이 권력을 잡으면 거의 예외 없이 반대 세력을 무자비하게 숙청하고 독재자가 되어 전체주의를 조장했다.

코로나19 팬데믹을 기점으로 '스트롱맨'과 '큰 정부'가 더욱 주목받고 있다. 게다가 원시적인 민족주의와 무차별적인 혐오, 그리고 근거 없는 프로파간다 역시 기승을 부리고 있다. 미국에서는 사회적으로 큰 파장을 일으킨 조지 플로이드 사건(비무장 흑인 남성 조지 플로이드가 백인 경찰에게 체포되는 과정에서 질식해 사망한 사건. 이 사건으로 미국 흑인 커뮤니티는 인종차별과 혐오에 분노해 시위를 한 바 있다)에 이어 최근 아시아계 혐오가 기승을 부리고 있다. 실제로 캘리포니아 주립대 연구에 따르면, 2020년 미국 주요 도시에서 발생한 아시아인 대상 혐오 범죄는 120건으로, 전년 대비 145% 증가한 수치이다. 위와 같은 신호들이 내게는 무척 불길하게 다가온다. 제2의 히틀러가 등장해 디지털 전체주의를 공고히 하고 21세기 역사의 페이지를 비극적인 내용으로 채워나갈지 누가 알겠는가? 우리는 같은 실수를 반복하는 인간의 어리석음을 과소평가해서는 안 된다. 같은 것의 지옥이 확산되는 것을 경계해야 한다.

메타버스,
현실을 가상화하는 세계

영화 〈매트릭스〉의 주인공 토머스 앤더슨은 낮에는 평범한 프로그래머이지만 밤에는 네오라는 가명으로 활동하는 해커이다. 그는 우연한 계기로 자신을 둘러싼 세계가 사실은 인공지능이 만들어낸 가상현실 '매트릭스'라는 점을 깨닫고 충격에 빠진다. 네오의 앞에는 두 가지 선택지가 주어진다. 매트릭스에서 벗어나 암담한 진실을 마주할 것인가, 아니면 진짜보다 더 진짜 같은 가상현실 속에서 평생 인공지능의 노예로 살 것인가. 네오는 용기 있게 전자를 택하고 인공지능에 맞서 투쟁한다. 그러나 진실을 택한 대가는 너무나 고통스럽다.

'우리의 삶이 어쩌면 가상현실일 수 있다'는 매트릭스적

발상은 사실 수천 년 전부터 위대한 사상가들이 제기해 온 의문이다. 플라톤은 일찍이 우리를 둘러싼 현실세계가 가상일 수도 있다는 가설을 제시했다. 그의 저서 『국가』에는 '동굴의 우화'라는 개념이 등장한다. 동굴 속에 갇힌 죄수들은 온몸이 포박당한 채 동굴 벽을 바라보고 있다. 그들의 뒤에는 거대한 횃불이 있다. 동굴의 벽에는 실재와 횃불에서 파생된 그림자가 어른거리고 죄수들은 그것을 현실로 여긴다. 누군가 동굴 속 죄수들에게 벽에 비친 그림자가 가상이라고 말해줘 봐야 그들은 듣지 않는다. 진실을 알려준 현자는 오히려 미친 사람 취급을 받고 죄수들의 조롱거리가 된다.

현실이란 무엇인가. 플라톤뿐 아니라 무수히 많은 철학자가 이 문제와 씨름하며 머리를 싸맸다. 진리를 체득한 철학자들은 사람들이 '가짜'보다는 '진짜'가 될 것을, 만들어진 세계에서 벗어나 현실세계를 생생하게 체험하기를 바라며 저마다 나름의 방법을 제시했다. 그럼에도 불구하고, 대부분의 사람들은 '행복한 무지'의 상태로 동굴 벽면에 비친 환영을 현실로 여기며 살아가는 것을 개의치 않았다. 현실과 가상의 차이를 인식하고 매트릭스를 탈출하기 위해서는 용기가 필요한데, 이는 소수의 지각 있는 사람들만 행할 수 있는 일이기 때문이다.

21세기에 접어들어 인터넷과 스마트폰이 대중화되면서 현실과 가상을 구분하는 것은 점점 더 무의미해지고 있다. 디지털이 아날로그를 빠르게 잠식함에 따라 가상은 더 이상 가상이 아닌 것이 되어버렸다. 오히려 가상은 오늘날 현실보다 중요한 의미를 지닌다. 현실과 가상의 경계가 흐릿해지고 가상의 중요도가 현실보다 점점 높아지는 현상을 가리켜, IT 메가트렌드를 연구해 온 주영민 작가는 『가상은 현실이다』에서 다음과 같이 말한다. "우리는 가상이 실재를 초월하는 시대에 살고 있다. 현생 인류는 가상이 실재를 압도하는 '가상화 혁명'을 목격하는 첫 번째 세대다. 가상화 혁명은 가상기술을 통해 가상이 실재를 초월하고 궁극적으로 실재를 변형시키는 현상이다. 가상기술이란 가상현실 기술이 아니다. 가상기술은 실재를 변형시키고 증강시키는 모든 종류의 초실재기술을 뜻한다. 오늘날 가장 근본적인 기술인 소셜미디어, 인공지능, 암호화폐는 모두 가상기술이다. 소셜미디어는 '현실'을, 인공지능은 '지능'을, 암호화폐는 '돈'을 가상화한다. 가상기술로 인해 탄생한 가상의 현실, 가상의 지능, 가상의 돈은 실재 위에 덧입혀져 실재를 가상의 질서로 재구축한다."

가상이 현실보다 중요해지는 현상은 코로나19 팬데믹을 겪으며 점점 심화되고 있는 양상이다. 사회적 거리두기가 보편화됨에 따라 점점 더 많은 사람이 디지털 가상현실에서 시간을 보내고 있다. 기업들은 새롭게 부상한 먹거리를 놓치지 않기 위해 발 빠르게 관련 서비스를 제공하고 있다. 예를 들어 여행지에 가지 않고도 그곳에 있는 것처럼 느끼게 만드는 가상 여행 서비스가 인기를 얻고 있다. 또한 팬과 스타가 가상현실에서 교감하는 가상 콘서트도 엔터테인먼트 산업의 새로운 먹거리로 부상하고 있다. 심지어 온라인 게임에 지인들을 초대해 가상 결혼식을 올리는 사례도 있다. 이것은 시작에 불과하다. 앞으로 여행, 게임, 엔터테인먼트, 의료, 교육 등 현실과 디지털 가상현실 간의 경계가 흐려질 분야는 무궁무진하다.

이처럼 디지털 가상현실 사회를 촉진하는 각종 첨단기술을 아우르는 용어로 메타버스Metaverse가 최근 주목받고 있다. 메타버스는 가상을 뜻하는 메타Meta와 우주Universe의 합성어이다. 가상현실, 증강현실, 혼합현실 등의 첨단기술이 복합적으로 적용된 메타버스는 쉽게 말해 디지털로 구현된 가상현실을 뜻한다. 메타버스에 참여한 사람들은 디지털 가상현실에서 자신의 분신과도 같은 아바타를 생성해 사회문화 생활을 할 수 있고 심지어 경제 수입을 올리는 것도 가능하다.

닌텐도의 가상현실 게임 '모여봐요 동물의 숲'(이하 '모동숲')의 인기는 메타버스 대중화 시대가 성큼 다가왔다는 점을 시사한다. 코로나19 확산 초기에 출시된 모동숲은 전 세계 사용자들로부터 폭발적인 인기를 얻었다. 모동숲 사용자는 아무것도 없는 무인도에서 섬을 개척해 나간다. 물고기를 잡아 시장에 내다 팔고, 대출받은 돈으로 집을 짓고, 자연을 즐기며 한적하게 산책하거나 근처에 있는 지인들과 파티를 열 수 있다. 사용자에게 부여된 높은 자율성과 자연을 배경으로 한 힐링 콘셉트, 그리고 코로나19로 인한 사회적 거리두기 시행이 모동숲이 큰 인기를 얻은 이유이다. 모동숲에서 시간을 보내는 사람들이 늘어나자 기업들은 모동숲을 마케팅 창구로 활용하고 있다. 발렌티노, 마크 제이콥스 같은 패션 브랜드들이 신상품을 선보이는 패션쇼를 모동숲에서 진행한 바 있다.

모동숲뿐 아니라 로블록스Roblox 역시 주목할 만하다. 로블록스는 미국의 청소년 절반 이상이 즐기는 것으로 알려진 인기 게임으로, 단순한 모바일 게임 플랫폼이 아니라 메타버스 플랫폼을 지향한다. 로블록스에서 사용자들은 레고 모양의 아바타를 이용해 스스로 게임을 만들어내거나 다른 사람이 만든 게임을 즐긴다. 게임을 제작하면 돈을 버는 것도 가능하다. 실제로 로블록스에서 전업으로 게임을 제작하는 사람들까지 생겨날 정도이다. 주위 친구들이 모두 하다 보니 미국 청소년들 사이에서는 사회화를 위해서 로블록스를 하는 것이 필수처럼 여겨진다. 2020년 로블록스가 청소년 이용자 3,000명을 대상으로 조사한 결과 응답자의 62%가 '대화'를 주요 활동으로 뽑았을 정도이다. 로블록스를 즐기는 사용자들 중에는 현실세계보다 로블록스에서 시간을 보내는 것을 더 선호하는 경우도 있다.

한편 메타버스에 엔터테인먼트를 접목한 사례도 흥미롭다. 게임 회사 에픽게임즈가 개발한 포트나이트는 전 세계 사용자가 3억 5000만 명이 넘는 유명 전투 게임이다. 포트나이트의 독특한 점은 사용자들이 단순히 게임을 즐길 뿐 아니라 게임 속에서 관계를 맺고, 음악을 듣고, 영화를 시청할 수 있다는 점이다. 넷플릭스의 CEO가 "우리의 최대 라이벌은 디즈니가 아니라 포트나이트이다"라고 말했을 정도로, 포트나이트는 단순한 게임이 아니라 복합적인 콘텐츠를 보유한 메타버스 플랫폼으로 진화하고 있다. 2020년 에픽게임즈는 미국 유명 래퍼 트래비스 스콧을 초청해 포트나이트상에서 가상 콘서트를 열었고 여기에 무려 1200만 명이 넘는 사용자가 몰렸다. 콘서트가 성황리에 끝나자 엔터테인먼트 업계는 포트나이트와 같은 메타버스 플랫폼에 주목하고 앞다투어 관련 사업을 확장하고 있다.

위의 사례들은 인류가 얼마나 디지털 가상현실에 쉽게 적응할 수 있는지를 보여준다. 메타버스 기술이 실생활에 완벽히 스며드는 것은 시간문제이다. 미래의 인류는 메타버스에 푹 빠져 살게 될지 모른다. 메타버스 안에서 노동을 하고, 집 앞 텃밭을 가꾸고, 디지털 화폐로 거래하고, 투표를 하고, 사교 활동을 하고, 연인을 만나 사랑을 하게 될 것이다. 따분하고 고된 현실보다는 흥미진진한 메타버스에서 삶의 의미를 찾으려는 사람이 훨씬 많아질 것이다. 그들은 현실보다 메타버스에서 더 많은 시간을 보내다가 종국에는 현실에서 완전히 벗어나 메타버스에서 사는 편을 선호할 것이다. 마치 매트릭스 속 대중처럼 말이다.

　문제는 메타버스를 창조한 신이 디지털 빅브라더라는 것이다. 인공지능이 매트릭스 속 세계를 조작하고 시민들을 감시하는 절대 권한을 가졌듯이, 디지털 빅브라더도 마찬가지로 무소불위의 권력을 발휘할 수 있다. 디지털 빅브라더는 메타버스 속 법, 정치, 사회, 경제, 심지어 자연현상에까지도 개입하며 사용자를 감시하고 통제할 수 있다. 또한 디지털 빅브라더의 고객과 정부의 입맛에 맞게 메타버스를 조작하고 암시적인 선전 장치를 통해 사용자들을 조종하는 것도 얼마든지 가능하다.

　메타버스 등장 이전에 감시 자본주의가 대상의 마음과 신체를 감시하고 통제하는 것에 국한되었다면, 메타버스가 접목된 감시 자본주의는 '개별 대상'뿐 아니라 '하나의 세계'를 감시하고 통제하는 것이 가능하다. 오늘날 디지털 빅브라더는 다양한 부류의 스마트기기를 보급해 우리의 몸과 마음을 감시하려 하고 있다. 이 덕분에 미래의 디지털 빅브라더는 별도의 감시 도구를 설치할 필요도 없이 메타버스의 신으로 군림하며 더 광범위한 감시와 통제를 행할 수 있을 것이다.

디지털 빅브라더의 바놉티콘적 성향을 고려할 때, 앞으로 메타버스 매트릭스로의 초대를 거절하는 것은 거의 불가능할 것으로 보인다. 사회 전반의 구조가 실재가 아닌 가상으로 재편되고 점점 더 많은 사람이 디지털 세계에 골몰함에 따라, 가상화 혁명에 동참하는 것 외에는 사실상 우리에게 남은 선택지가 없을 테니 말이다. 메타버스 네트워크에 접속하지 않는 사람은 '야만인' 취급을 받으며 문명인의 자격을 박탈당하는 것도 가능할 것이다.

어쩌면 우리는 이미 매트릭스 속에서 살고 있는 것일 수도 있다. 지금 글을 쓰고 있는 본인이나 이 글을 읽고 있는 그대들 역시 메타버스 속 아바타일 수 있다는 뜻이다. 현실은 메타버스의 창조자가 만들어낸 환상일지도 모른다. 과연 현실이란 무엇인가.

디지털 독재와
민주주의의 위기

20세기는 실로 격동의 시기였다. 히틀러, 스탈린, 무솔리니, 마오쩌둥 같은 스트롱맨들이 강력한 카리스마를 발휘해 장기 집권을 하는 데 성공했고 전체주의가 기승을 부렸다. 핵무기 사용을 동반한 세계대전이 두 차례 발생했고 수많은 사상자가 발생했다. 제2차 세계대전이 끝난 후에도 세계는 소련과 미국 진영으로 쪼개져 이념 갈등을 지속했다. 자본주의를 채택한 국가와 사회주의를 채택한 국가 간 경제 격차는 압도적으로 벌어졌고 세계는 점점 거대한 시장이 되어갔다. 소련은 몰락했고 미국을 필두로 한 자유민주주의 진영이 드디어 세계의 패권을 거머쥐었다. 한때 사회주의를 고집했던 중국은 시장경제를 수용한 이후 급격한 경제 성장을 실현했고 미국의 지위를 넘보는 패권국으로 성장했다.

20세기 정치인들은 담대한 비전을 제시함으로써 시민들이 이 같은 역사적 혁명에 동참하고 있다는 자부심을 갖도록 북돋아 주었다. 거리에 붙은 선전 포스터와 연일 떠드는 방송매체들은 시민들을 미래의 주인공으로 묘사하며 그들이 중요한 존재라는 점을 각인해줬다. 비록 그 결과가 전쟁, 숙청, 분열, 대학살 등 참담한 비극으로 이어진 경우가 많았지만, 그 당시 정치인들이 현실보다 발전한 미래에 대한 비전을 제시하고 추종자들의 전폭적인 지지를 얻었다는 점을 부인하기는 어렵다.

반면 21세기의 정치인들에게는 미래에 대한 비전을 기대하기 어렵다. 트럼프가 내건 "미국을 다시 위대하게"라는 슬로건, 대영제국의 부활을 꿈꾸는 브렉시트, 소련에 대한 푸틴의 향수, 시진핑의 중국몽 등 표현만 다를 뿐 본질은 대동소이하다. 각국 정치인들은 새로운 시대의 변화에 적응하지 못하고 미래에 대한 새로운 비전을 제시하는 대신 좋았던 옛 시절을 추억하고 있다. 그러나 이를 정치인들만의 문제라고 보기 힘든 것이 사실 이는 유권자들로부터

기인한 일이다. 시대적 변화로부터 소외당한 사람들은 자신이 점점 미래와는 무관하다고 느끼며 과거의 향수를 자극하는 정치인을 지지하는 경향이 있다. 세계가 질주하며 미래를 향해 도약하고 있는데 정치인들과 평범한 사람들은 멍하니 지나간 과거를 바라보고 있는 것이다.

문제는 인류가 코로나19라는 경험한 적 없는 강력한 공동의 적과 싸워야 할 이때, 각국 정치인들은 야만적인 민족주의를 자극하며 분열을 부추기고 자신의 권력을 공고히 하는 데에만 관심을 기울이고 있다는 점이다. 이들은 연대와 협력보다는 혐오와 국수주의를 택하고, 코로나19 대응을 위한 전문가들의 조언을 경시하며 문제 해결보다 정치적 이권에만 골몰하고 있다. 우리나라도 딱히 사정이 다르지 않다. 여의도에서는 수준 낮은 엔터테인먼트 쇼가 연일 방송되고 있다. 미래에 대한 비전이 없는 정치는 21세기에 전 세계적으로 관측되는 보편적인 현상인 듯하다. 이처럼 무능한 정치인들이 국민투표를 통해 선출되었다는 점을 고려하면, 왜 플라톤이 민주주의의 부정성을 비판했는지 어느 정도는 납득할 수 있을 것 같다.

앞서 인터넷이 민주주의를 어떻게 훼손하는지에 대해

적었다. 그나마 고무적인 것은 문제 인식과 더불어 문제 해결에 대한 공감대가 형성됨에 따라 문제가 서서히 개선될 조짐이 보인다는 것이다. 가령 페이스북-케임브리지 애널리티카 사건을 의식해서인지, 2020년 미국 대선에서 인터넷 미디어 기업들은 가짜뉴스의 확산과 프로파간다 자동 계정[bot]이 활동하는 것을 억제하며 투명한 선거 환경 조성에 각고의 노력을 기울였다. 심지어 트위터는 2020년 5월 현직 미국 대통령인 트럼프가 올린 "우편 투표는 사실상 사기나 다름없다"라는 트윗에 경고 딱지를 붙이며 사실 확인이 필요하다는 문구와 함께 트럼프의 주장을 반박하는 기사를 배치했다.

하지만 불운하게도, 모든 국가가 인터넷의 역기능을 인식하고 견제하며 투명한 선거와 공정한 민주주의를 수호하는 시스템을 갖출 만한 환경에 있는 것은 아니다. 권위주의적인 독재자가 지배하는 국가에서는 디지털 독재도 함께 시행된다. 디지털 독재는 인터넷을 활용한 전면적인 감시와 통제, 그리고 시민들의 사상 개조에 따른 권력 집중화 현상으로 정의된다. 불을 사람을 죽이는 데도 살리는 데도 사용할 수 있듯이, 인터넷도 민주주의를 이롭게 하거나 위태롭게 하는 데 활용할 수 있다. 디지털 독재는 전적으로 후자에 해당한다.

디지털 독재 국가의 지도자는 정교한 알고리즘 모형을 설계하고 국가가 원하는 '모범 시민'의 모습을 시민들에게 강요한다. 이를테면 국가에 맹목적으로 충성하고, 이데올로기를 찬양하고, 적으로 규정되는 세력을 증오하는 방식으로 말이다. 모범 시민으로 선정된 자에게는 각종 혜택이 부여되지만, 그렇지 않은 자에게는 가혹한 처벌이 기다린다. 중국을 비롯해 북한, 러시아 등 권위적인 독재자가 군림하는 국가가 현재 이러한 행보를 보이고 있다.

다시 『1984』로 돌아가 보자. 주인공 윈스턴은 빅브라더와 당에 반감을 품고 다음과 같은 글을 몰래 적는다. "둘 더하기 둘은 넷이라 말할 수 있는 자유, 이것이 자유이다. 만약 자유가 허용된다면 그 밖의 모든 것도 이에 따르게 마련이다." 안타깝게도, 올곧은 신념을 지키려고 했던 윈스턴은 심한 고문을 받고 결국 둘 더하기 둘은 다섯이라는 당 지도부의 말을 진심으로 믿는다. 윈스턴은 자기 자신까지 완벽히 속여버리고 당에 충성하는 데 성공한다.

둘 더하기 둘이 다섯이라는 명제는 거짓이다. 그러나 앞으로 디지털 독재 국가의 지도자가 시민들로 하여금 이 헛소리를 진심으로 믿게 만드는 일은 식은 죽 먹기가 될 것이다. 왜냐하면 시민들이 거짓을 참으로 받아들이지 않으면 대출이 막히거나 금리가 높아지고, 의료보험 혜택을 받을 수 없고, 인사고과에서 감점을 받고, 가족과 친구들이 온갖 불이익을 받을 테니 말이다. 이때 둘 더하기 둘이 다섯이라고 믿는 '시늉'만 해서는 곤란하다. 생체 데이터를 측정할 수 있는 스마트기기와 안면 인식 장치가 사람들의 미묘한 감정까지 포착해 낼 테니까. 둘 더하기 둘이 넷이 아니라 다섯이라는 전면적인 정신 개조가 되지 않는 이상, 보통의 시민이 디지털 독재 국가에서 살아가기란 무척이나 어려워질 것이다.

윈스턴 처칠은 민주주의가 '가장 덜 나쁜 제도'라고 표현했다. 실로 그렇다. 지난 수천 년간 민주주의에 환멸을 느낀 사람들이 다양한 정치체제를 시도했지만, 그 결과는 대개 비극으로 남았다. 나는 코로나19 팬데믹이 민주주의를 근본적으로 위협할 것이라고는 생각하지 않는다. 팬데믹이 불가피하게 정부 기능의 확대를 초래하고 개인의 자유를 억압한 것은 사실이지만, 분별력 있는 민주국가 시민들과 정치인들은 민주주의를 포기할 생각이 없기 때문이다. 다만 우려하는 점은 디지털 독재를 실시하는 국가에서 바이러스 확산이 주춤하는 현상을 오용해 감시 기술의 확산을 정당화하고 대중을 선도해 민주주의를 퇴보시키는 비극을 낳는 것이다.

민주주의는 마치 온실 속의 화초와 같다. 지속적인 관심과 세심한 배려가 없다면 파시즘이나 군국주의 따위와 같은 잡초에 생명력을 잃는다는 것이 역사가 증명하는 교훈이다. 개별 국가가 바이러스를 완전히 박멸할 수 없듯이, 기업과 개인이 민주주의를 좀먹고 디지털 독재를 초래할 수 있는 바이러스(가짜뉴스, 무차별적인 혐오, 프로파간다 봇, 편향된 알고리즘, 환원주의적 음모론, 진지한 담론 형성을 방해하는 자극적인 버라이어티성 트윗 등등)를 퇴치하는 것은 현실적으로 불가능에 가까워 보인다. 따라서 앞으로도 민주주의는 끊임없이 위기에 처할 것임이 분명하다.

우리가 정신을 제대로 차리고 권력을 견제하지 않으면, 어느새 민주주의가 사멸하고 디지털 독재가 일상이 되어 있을지도 모른다. 상황을 개선하는 것은 어려운 일이지만, 악화시키는 것은 식은 죽 먹기이다. 야심만만한 독재자와 대중의 적당한 무관심, 그리고 지옥으로 가는 길을 선의로 포장하는 제도가 사회적으로 용인되는 분위기라면, 우리는 순식간에 디스토피아의 나락으로 빠질 수 있다.

더 볼거리

● 미셸 푸코 『감시와 처벌』 ─────────────

프랑스의 철학자 미셸 푸코가 쓴 『감시와 처벌』은 중세 시대부터 근현대에 이르기까지 권력이 어떤 방식으로 인간 사회를 통제해 왔는지를 다룬다. '감옥의 탄생'이라는 부제를 가진 이 책은 학교, 군대, 공장, 병원과 같은 근대 건축물이 사실상 감옥과 본질적으로 크게 다르지 않다는 점을 폭로한다. 권력에 대항하는 자를 향한 가혹한 처벌, 규율로 점철된 훈육, 그리고 암시적인 감시를 통해 '순종하는 신체'를 만든다는 것이다. 미셸 푸코는 이 책에서 단순히 감옥의 역사 및 근대 형벌 제도의 탄생을 다룬 것뿐만 아니라, 규율을 앞세워 복종을 강요하는 권력 앞에서 인간이 어떻게 자유롭고 주체적으로 존재할 수 있을지에 관한 무거운 질문을 던졌다.

권력을 잡은 자들은 언제나 피지배 대상인 대중을 통제하려 한다. 과거에는 공개처형으로 힘을 과시해 대중을 통제하려 했다. 이에 반해 근대 이후의 권력은 눈에 띄지 않는 방식으로 개인의 행동을 통제했다. 이때 사용하는 방법이 바로 '규율'이다. 예를 들어 학교에는 교칙이 있다. 평범한 학생들은 이 교칙을 지키며 모범적인 학생이 되려고 노력한다. 권력은 저항을 일으키지 않을 정도로 행사되며 개인을 예속

한다.

푸코는 규율을 수호하는 권력의 감시체계가 '파놉티콘'의 모습과 유사하다고 말한다. 만인의, 만인에 의한 감시 시스템인 파놉티콘의 통제 방식은 표면에 노출된 공포가 아니라 규율의 내면화이다. 이러한 감시 체제하에서 개인은 감시받고 통제당하며 권력의 지배 아래에 놓인다. 권력이 사회를 지배하는 방식을 밝히는 『감시와 처벌』은 개인의 일거수일투족이 기록으로 남는 오늘날 디지털 사회에서도 여전히 시사하는 바가 크다. 『감시와 처벌』에 소개된 파놉티콘은 바놉티콘, 여기에서 더 나아가 스마트 옵티콘의 개념으로 확장되고 있다.

감시를 감시하라

우리는 감시의 역사에서 출발해 디지털 빅브라더가 어떻게 탄생했고, 어떤 방식으로 횡포를 부리고, 어떤 방향으로 진화하고 있는지, 그리고 포스트 코로나 시대에 도래할 초감시사회는 어떤 모습일지에 대해 살펴보았다. 몇 가지 핵심을 요약하자면 다음과 같다. 감시는 불평등과 계급사회를 낳은 문명의 부산물이라는 점, 인터넷은 초창기 산업 발전을 주도한 이상주의자들의 바람과는 달리 막강한 권력을 지닌 디지털 빅브라더를 탄생시켰다는 점, 전례 없는 방식으로 친절한 독재를 행하는 디지털 빅브라더가 민주주의를 위협하고 있다는 점, 코로나19가 디지털 빅브라더의 감시를 정당화하는 촉매제 역할을 하고 있다는 점, 다양한 첨단

기술 발전과 맞물려 포스트 코로나 시대에는 초감시사회가 도래할 것이라는 점 등이다.

원고를 집필하는 수개월 동안 실로 많은 일이 있었다. 우선 안타깝게도 코로나19 팬데믹은 여전히 현재 진행 중이다. 글을 쓰고 있는 현재(2021년 4월), 전 세계 코로나19 감염자 수는 1억 4500만 명, 사상자 수는 307만 명을 기록하며 잦아들 기미가 보이지 않고 있다(참고로 집필을 시작했던 2020년 6월의 코로나바이러스 감염자와 사상자 통계는 각각 900만 명, 47만 명이었다). 선진국을 중심으로 백신이 서서히 보급되고 있지만 아직은 전 세계 인구 중 극히 일부만 접종을 완료했을 뿐이고 치료 효과 역시 완벽히 검증되지 않았다. 각국의 지도자들은 문제 해결을 위해 연대하기보다는 국수주의를 내세우며 단결된 리더십을 발휘하지 못하고 있다.

또한 시민들은 코로나19로 인한 감시의 전방위적 확산에 순응하고 있다. 국내의 경우만 보더라도 이제는 다중이용시설에 출입할 때 QR 코드를 인증하거나 출입 명부에 휴대전화 번호를 적는 것이 더 이상 낯설지 않다. 안면 인식 기기에 얼굴을 들이미는 일 역시 낯선 일이 아니다. 물론 프라이버시를 중요하게 생각하는 서구권의 경우에는 아직 이런 모습이 익숙지 않다. 그러나 나날이 증가하는 코로나 확진자 수를 보며 서구권 지도자들은 어떻게 해서든 감시의 그물망을 펼칠 방법을 강구하고 있을지도 모르고, 시민들 역시 안전을 위해 자발적으로 프라이버시를 포기하려 들지도 모른다.

앞으로 1~2년 이내에 코로나바이러스가 완전히 종식된다고 상상해 보자. 감시에 순응하게 된 우리가 과연 과거로 돌아갈 수 있을까? 사회통제와 권력 유지에 감시가 대단히 유용하다는 사실을 인지한 정부와 막대한 비용을 들여 감시 인프라를 구축한 기업이 과연 이것을 순순히 포기하려 할까? 나는 이에 대해 무척 회의적이다. 코로나19에 대응하기 위해 일시적으로 마련된 인프라는 얼마든지 빅브라더의 눈으로 탈바꿈할 수 있다. 예를 들어 체온을 측정하는 데에만 활용되던 안면 인식 기기는 고성능 소프트웨어가 탑재된 감시 카메라로 손쉽게 바꿔 쓸 수 있다. 게다가 QR 코드로 출입을 관리하던 인프라 역시 모바일 신원 인증 및 결제에 활용되어 사람들의 동선을 추적하는 데 이용될 수 있다. 내가 우려하는 점은 감시망이 확산되는 이 모든 일련의 활동이 별다른 저항 없이 일어나고 있고, 보다 강도 높은 감시가 허용될 여건이 자연스럽게 조성될 수 있다는 것이다. 처음에는 기초적인 QR 코드 인식과 안면 인식 기기 정도로 시작하겠지만, 향후 상황이 '서서히 그리고 급작스럽게' 변해 온 세계가 중국과 같은 감시 국가가 되지 말라는 법이 어디 있겠는가.

이 문제에 대한 바람직한 해결책이 있을까? 글을 쓰는 내내 곰곰이 생각해 보았지만 뾰족한 수를 찾기는 쉽지 않았다. 예를 들어 나는 매일 스마트폰으로 인터넷에 접속해 디지털 빅브라더가 제공하는 서비스를 활발히 이용했다. 게다가 실내에 출입할 때마다 무의식적으로 스마트폰을 꺼내 QR 코드를 찍었고 안면 인식 기기가 얼굴을 주시하는 것을 허용했다. 이렇게 행동할 수밖에 없었던 가장 큰 이유는 디지털 빅브라더의 바놉티콘적인 특성 때문에 규칙에 순응하지 않으면 사회에서 배제되고 불이익을 받기 때문이다. 생각해 보라. 모두가 스마트폰으로 온라인 커뮤니케이션을 하는 상황에서 본인만 피처폰 사용을 고수하는 것은 마치 자동차가 쌩쌩 달리는 도로에서 나 홀로 말을 타고 다니겠다고 선언하는 것과 같다. 이는 본인뿐 아니라 다른 사람들에게도 유효한 사실이다.

그럼에도 불구하고 이 글이 갖는 나름의 함의가 있다고 생각한다. 그것은 바로 명확한 문제 인식이다. 모든 문제의 해결책은 정확한 문제 인식에서 비롯된다. 한때 노예제도, 인종차별, 성차별은 도저히 해결할 수 없을 것만 같은 난제였다. 과거의 평범한 사람들은 이것이 문제라고도 생각하지 못했다. 그러나 시대를 앞서간 선구자들이 문제의식을 갖고 의문을 제기하면서 세계는 전진하기 시작했다. 문제를 인식하고, 더 나은 사회를 만들기 위한 담론을 형성하고, 용기 있는 사람들이 연대해 부조리에 투쟁한 결과, 위와 같은 문제들이 서서히 개선된 것이다. 나는 디지털 빅브라더라는 문제 역시 마찬가지의 수순을 밟기를 기대한다.

디지털 빅브라더 문제는 워낙 역사가 짧고 그 폭력성이 교묘하게 은폐되어 있어 대부분의 사람은 제대로 인지조차 하기 어렵다. 게다가 해당 문제는 인공지능, 블록체인, 안면인식, 사물인터넷, 헬스케어, 인공위성 등 각종 첨단기술의 발전과 결부되어 있어 보통 사람들은 자신과 전혀 무관해 보이는 이 기술이 삶에 어떤 악영향을 미칠지 가늠하기 어렵다. 나는 독자들이 디지털 빅브라더가 감시의 패러다임을 어떻게 바꿨고, 우리의 삶에 어떤 역기능을 초래하고 있느지에 대한 문제를 인식하는 일에 이 글이 조금이라도 도움이 되었기를 진심으로 바란다. 그리하여 더 나은 미래를 만들기 위한 해결책을 함께 모색했으면 좋겠다.

나는 기적을 믿지 않는다. 다만 인간의 문제 해결 능력과 연대의 힘을 믿는다. 빅브라더는 빅 어스^{Big Us}로 견제할 수 있다고 나는 생각한다. 빅 어스를 통해 우리는 친절한 독재자 빅브라더에 맞서 시민의 자유를 쟁취할 수 있다. 보통의 사람들이 연대해 힘을 합친다면 우리는 충분히 강해질 수 있다. 그렇게 된다면 우리가 그들을 두려워하는 것이 아니라 그들이 우리를 두려워하게 될 것이다.

감시를 감시하라. 그리고 용기 있게 반항하라. 그대의 양심이 이끄는 대로, 정의가 호소하는 대로, 비겁한 공범자가 되지 않도록. 역사적 전환기에는 늘 악행을 저지르려는 악당과 이를 막기 위해 고군분투하는 영웅, 그리고 악행에 암묵적으로 동조하는 수많은 평범한 방관자들이 있었다. 아무 일도 하지 않으면 아무 일도 일어나지 않는다. 때로는 섬뜩한 침묵이 분노의 함성보다 잔인하다. 포스트 코로나 시대에 초감시사회를 살아갈 후손들에게 그대는 어떤 인물로 기억되고 싶은가? 미래는 우리 손에 달려 있다.

참고문헌

- 『농경의 배신』, 제임스 C. 스콧 저, 전경훈 역, 책과함께, 2019

- 『감시와 처벌』, 미셸 푸코 저, 오생근 역, 나남출판, 2016

- 『유동하는 공포』, 지그문트 바우만 저, 함규진 역, 산책자, 2009

- 『생각하지 않는 사람들』, 니콜라스 카 저, 최지향 역, 청림출판, 2011

- 『조지 길더 구글의 종말』, 조지 길더 저, 이경식 역, 청림출판, 2019

- 『호모 데우스』, 유발 하라리 저, 김명주 역, 김영사, 2017

- 『대량살상수학무기』, 캐시 오닐 저, 김정혜 역, 흐름출판, 2017

- 『타자의 추방』, 한병철 저, 이재영 역, 문학과지성사, 2017

- 『가상은 현실이다』, 주영민 저, 어크로스, 2019

21세기 전체주의의 서막

친절한 독재자,
디지털 빅브라더가 온다

초판 1쇄 발행 2021년 6월 1일

지은이 한중섭
펴낸이 권미경
편집 임경진
마케팅 심지훈, 강소연, 김재영
디자인 [★]규
펴낸곳 ㈜ 웨일북
출판등록 2015년 10월 12일 제2015-000316호
주소 서울시 서초구 강남대로95길 9-10, 웨일빌딩 201호
전화 02-322-7187 **팩스** 02-337-8187
메일 sea@whalebook.co.kr **인스타그램** instagram.com/whalebooks

소중한 원고를 보내주세요.
좋은 저자에게서 좋은 책이 나온다는 믿음으로, 항상 진심을 다해 구하겠습니다.

• 본 도서는 카카오임팩트의 출간 지원금과 무림페이퍼의 종이 후원을 받아 만들어졌습니다.